DON BOSCO
VERLAG

Für Franzi

Marielle und Rudolf Seitz

Rot, Gelb, Blau und alle Farben

Grundlagen und Spielideen für die pädagogische Praxis

Don Bosco

Bibliografische Information der Deutschen Bibliothek

Die Deutsche Bibliothek verzeichnet diese Publikation in der Deutschen Nationalbibliografie; detaillierte bibliografische Daten sind im Internet über http://dnb.ddb.de abrufbar.

4. Auflage 2005 / ISBN 3-7698-1102-X
© 1998 Don Bosco Verlag, München
Umschlag: Felix Weinold
Fotos: Marielle und Rudolf Seitz
Foto Umschlagrückseite: E. P. Neumann
Zeichnungen: Franziska Seitz
Notensatz: Nikolaus Veeser, Schallstadt
Satz und Litho: LOW München
Druck und Weiterverarbeitung:
Druckerei Gebr. Bremberger KG, München

Gedruckt auf umweltfreundlichem Papier.

Inhalt

Vorwort 8

Wissenswertes über Farben 10
Warum wir überhaupt Farben sehen 11
Wie Farben auf uns wirken
und was sie bewirken 14
Farbenwahrnehmung bei Kindern 18
Kleine Farbporträts 19
Blau 19
Rot 27
Gelb 34
Orange 40
Grün 43
Violett 48
Weiß 54
Schwarz 61
Grau 65
Braun 66

Kunterbunte Spielideen 69
Spiele mit Licht und Farbe 70
Spiel mit farbigen Folien 70
Spiel mit dem Diaprojektor 71
Farbige Schatten 71
Das ultraviolette Licht 72
Der Regenbogen an der Wand 72
Beobachten von Farben und Licht 72

Farben entdecken 73
Erfinden von Farbnamen 73
Farben suchen 74
Ich sehe eine Farbe, die du nicht siehst .. 74
Farbgeschenke 74
Wir legen eine Farbsammlung an 75
Farbe im Buch 75
Kunstbetrachtungen 75
Kunstwerke als Ausgangspunkt für
eigenes Gestalten 76
Der farbige Tag 76

Mit Farben malen und gestalten 76
Farben selbst herstellen 76
Kleine Charakteristik der
käuflichen Farben 78
Wir malen die Geschichte einer Farbe... 79
Wir malen das Porträt einer Farbe 79
Im Mischen steckt erst die Würze 79
Die Farbblüte 81
„Geheimer" Farbzauber 81
Der Farbregen 81
Die „gefürchteten" Farbbeutel 81
Die farbigen Flüsse 82
Die gepusteten Wundergebilde 82
Die wundersame Verdoppelung
der Formen 82

Heute sehe ich die Dinge mehrfach 82
Es geht auch ohne Pinsel 83
Das gekratzte Bild 83
Das versteckte Bild 84
Die farbigen Tanzspuren 84
Das geschüttete Mandala...................... 84
Die verschiebbare Farbe........................ 86
Meine Farbe schwimmt 86
Meine farbigen Papiere 87
Farbe auf unserer Haut 87

Das Spiel mit den Farbkarten 90
Farbordnungen 95
Das Sortieren der Farben 95
Viele Farben haben noch mehr Namen. 95
Farbfelder 97
Farbzeilen 97
Farbtemperaturen 97
Das ist doch nicht dieselbe Farbe 97
Aus Rot wird Grün 97
Reine und gemischte Farben 98
Farbspiralen 98
Farbringe und –quadrate 98
Farbsterne 98
Der Regenbogen.................................. 98

Farbvergleiche.................................... 99
Die Farbe meiner Haare 99
Die Farben unseres Raumes................. 99
Die Farben unserer Kleider 99
Die Farben eines Blumenstraußes......... 99
Die farbige Wiese 99
Die Farben eines Gemäldes.................. 100
Die Farben des heutigen Wetters 100

Farbgefühle 100
Wie fühle ich mich heute? 100
Meine Lieblingsfarbe 100
Was steht mir?................................... 101
Was steht dir?.................................... 101
Ich schick dir einen Farbengruß........... 101

Farbklänge 101
Farben-Patience................................. 101
Farben erspüren 101
Die Farben des frühen Morgens........... 102
Die vier Jahreszeiten 102
Land gegen Stadt 102
Begriffe in Farben legen 102
Polaritäten legen 102
Poesie in Farben 103
Farben werden zu Bildern 103
Menschen werden zu Farben 103

Farbgeschichten 104
Farben werden zu Geschichten 104
Farbige Spuren 104
Geschichten in Farben 104
Farb-Sätze 104

Farben mit allen Sinnen erleben 104
Man kann Farben hören 104
Die Musik hat Farben 105
Man kann die Farben riechen 105
Farben machen Hunger und Durst 105

Gestalten mit Farben 106
In welchen Farben möchte
ich wohnen? 106
Die Farben in meinem Arbeitsraum 106
Unsere neue Fassade 106

Der Farbatlas 106
Jeder Farbe ihren Platz 106
Farbige Muster 107

Mein Leben als farbiger Pfad 107
Mein Paradies 107
Eine schlimme Erinnerung 107
Farben, die mir früher viel bedeuteten .. 107
Farben, die für mein Leben heute
wichtig sind 107

Farben, die für meine Zukunft stehen ... 107
Diesseits – Jenseits 108

Grün ist nicht gleich grün 108
Namen für alle Farben 109
Blumen in allen Farben 115
Farbige Steine 118
Farben in Schottland –
Aus einem Reisetagebuch von Rudolf Seitz 120

Literaturverzeichnis 122

Vorwort

Warum stehen so viele Frauen traurig vor einem nachweislich vollen Kleiderschrank und sagen: „Ich habe nichts zum Anziehen!"?
Warum sprechen wir vom Blues, von der blauen Stunde?
Warum malten sich manche Indianerstämme Farben ins Gesicht, um zu signalisieren, wie sie sich fühlten?
Warum sehnen wir uns nach vielen grauen, nebligen Novembertagen nach Farbe? Wir sind dann richtig glücklich, wenn die Sonne durchdringt und die Farben wieder erwachen.
Warum gibt es Farben, die wir mögen und andere, die uns geradezu krank machen? Warum ... ? –
Weil Farben eben mehr sind als eine differenzierte Bedeckung von Untergründen. Weil Farben Stimmungen wiedergeben, seelische Befindlichkeiten, weil sie lebendig sind oder es sehr schnell werden können, wenn sie aneinander und ineinander geraten. Weil Farben Leben bedeuten, Leben mit allen Ober-, Unter- und Zwischentönen. Und weil Farben auf uns wirken und uns einstimmen können, teilzuhaben an der großen Sinfonie, die das Licht uns täglich bietet.
Oft gehen wir mit diesem Erlebnis so gleichgültig um. Dabei besitzen wir ein Instrument, mit dem wir jede Melodie spielen können: Wir müssen nur unsere Sinne öffnen und empfindsam beobachten, reagieren oder gestalten, und schon sind wir mittendrin in einer großartigen Orchestermusik.

Ein Kind erzählte uns, es habe vom Berg aus einen Sonnenuntergang beobachtet. Ganz rot versank der Ball der Sonne. Dann wurde es kalt und schnell dämmrig und auf einmal war die Sonne wieder da, aber grün! Ein Wunder? Das Kind hat den Nachfolgekontrast mit den Komplementärfarben erlebt.
Eine Kollegin berichtete, sie habe im Schaufenster ein wunderschönes Kleid gesehen. Sie stürzte in den Laden und probierte es aus. Entsetzt bemerkte sie beim Blick in den Spiegel, dass sie ja leichenblass war. Richtig krank sah sie aus. Sie hatte den Simultankontrast erlebt. Farben sind keine isolierte und isolierbare Erscheinung. Sie verändern sich je nach Umgebung und sie verändern ihre Umgebung.
Von einem Maler des 19. Jahrhunderts erzählt man, dass er an einem Bild malte, das weitgehend in gelben Farben gehalten war. Aber das Bild wollte und wollte nicht leuchten. Da fuhr eine gelbe Kutsche vorbei. Der Maler sah plötzlich, dass hier die Schatten violett waren. Mit diesem Trick brachte er daraufhin sein Bild zum Leuchten.
Viele solcher Geschichten ließen sich erzählen. Wer einmal angefangen hat, Farben

bewusst wahrzunehmen und mit ihnen umzugehen, wird schnell „süchtig". Farben sind Analogien für unsere Empfindungen. Einmal in ihrer Kraft und Aussage entdeckt, lassen sie uns nicht mehr los. Wir sind auf ein fantastisches Feld geraten – mit eigenen Gesetzen.

Dieses Buch beschäftigt sich damit. Es schildert, was wir über Farben wissen sollten, was Farbensehen bedeutet und wie Farben auf uns wirken. Ein eigenes Kapitel ist den einzelnen Farben selbst gewidmet, ihrer Geschichte und Herstellung, ihrer Symbolbedeutung und Botschaft. Außerdem findet man auch Beobachtungen zum Thema „Kinder und Farben".

In einem zweiten Teil sind vielerlei Ideen geboten, wie man mit Licht und Farben spielen kann. Ausgesprochen attraktiv sind dabei ganz sicher die vielfältigen Spielmöglichkeiten mit den im Anhang beigefügten 144 Farbplättchen. Diese wurden so zusammengestellt, dass viele Klänge und Assoziationen,

Gesetzmäßigkeiten und Gestaltungsmöglichkeiten gelegt werden können. Kinder können damit auf Entdeckungsreise in ihrer Umgebung gehen, für Erwachsene ergeben sich leicht und ohne falsche Scheu psychologische und philosophische Ausdrucksmöglichkeiten. Sie werden sehen, dass die Farbkärtchen wie von selbst ihren Zauber entwickeln – ein richtiger „Selbstläufer"!

Den Abschluss bildet schließlich ein bunter Reigen an Farbnamen, den wir lange gesammelt und zusammengetragen haben: als kleiner Impuls, der Lust machen soll, sich selbst noch weiter auf Entdeckungsreise in das unerschöpfliche Land der Farben zu begeben.

Wir wünschen allen Leserinnen und Lesern den Spaß und die Poesie von Frederick, der sympathischen Maus aus dem gleichnamigen Bilderbuch von Leo Lionni, die als „Proviant" für die kalten Wintertage Farben sammelt. Dieses Farben-Buch ist zur Vertiefung der eigenen Erlebnisfähigkeit wie für die Arbeit mit Menschen jeden Alters gedacht.

Marielle und Rudolf Seitz

Wissenswertes über Farben

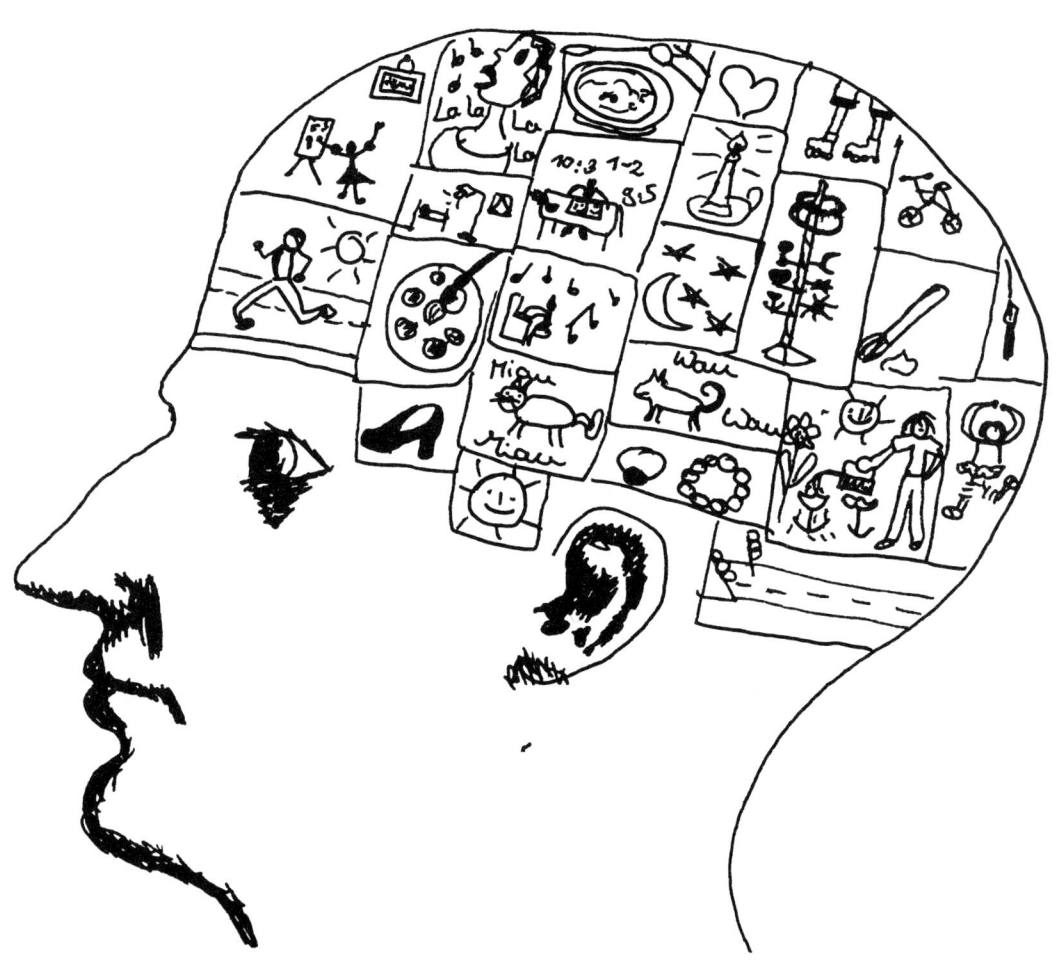

Ist die Welt seit Urzeiten voller Farben? Sie ist voller Farben, seit die Welt voller Licht ist. Aber die Wahrnehmung dieser Farben war erst möglich, seit es Menschen auf dieser Welt gab, die diese Farben sehen konnten. Denn die Wahrnehmung von Farben entsteht in unserem Kopf. Im Licht der Sonne sind verschiedene Farben vorhanden und zum Wahrnehmen dieser Farben brauchen wir unser Auge und Gehirn.

Gute Nacht du Sonne!
Wenn du untergehst,
gibt es keine Farben mehr.

Nun verlässt die Sonne
Land und Stadt
und alle Bäume
bekommen schwarze Blätter.

Jeder Hund wird schwarz
und schwarz jede Katze,
jeder Hahn wird schwarz,
wenn es Nacht wird.

Jede Kuh wird schwarz,
jede Sau wird schwarz,
Schwarz wird mein Hut,
wenn es Nacht wird.

Gute Nacht du Sonne!
Komm bald wieder
und male blau
den Himmel.

Mach rot den Fuchs
und die Sonne weiss.
Gute Nacht, komm bald
zurück hierher!

(Lennart Helsing, aus: Gunilla Paetau Sjöberg, „Filzen", Bern: Haupt Verlag, 1995, S. 68)

Die Wahrnehmung der Farben und die Unterscheidung der Farben durch die verschiedenen Farbnamen ist genau besehen ein kleines Wunder und hängt von vielen Stufen der Verarbeitung ab.

Warum wir überhaupt Farben sehen

Dass im Licht alle Farben (besser gesagt: alle Spektralfarben) enthalten sind, können wir durch einen einfachen Versuch selbst entdecken. Wenn wir ein Glasprisma ins Fenster hängen und an einem schönen Tag die Sonnenstrahlen durch das durchsichtige Prisma fallen, entdecken wir „wie durch Zauberei" im Zimmer einen kleinen Regenbogen in den Farben des Spektrums. Es sind die Farben Rot, Orange, Gelb, Grün, Blau, Indigo und Violett. Der Physiker Isaac Newton entdeckte 1666, dass Licht in der Brechung durch ein dreieckiges Glasprisma in die Farben des Regenbogens zerlegt wird. Also keine Zauberei, sondern eine physikalische Gesetzmäßigkeit. Hundert Jahre später gelang Thomas Young die Bestimmung der Frequenzen des sichtbaren Lichts: Die Lichtwellen bewegen sich in einem Bereich von 400 Nanometer (Violett) bis 800 Nanometer (Rot). Jede Farbe des Spektrums lässt sich somit durch ihre Wellenlänge oder die Schwingungszahl genau definieren. Jenseits der Grenzen der Sichtbarkeit befinden sich die Bereiche Infrarot und Ultraviolett.

In früheren Zeiten empfanden die Menschen die Erscheinung der Regenbogenfarben am Himmel als „ein Zeichen Gottes". Heute weiß fast jedes Kind, dass der Regenbogen nicht von einer griechischen Göttin an den Himmel gemalt wird, sondern dass die vielen Millionen winziger Wassertröpfchen ähnliche Eigenschaften wie unser Glasprisma aufweisen. Am Ende eines dunklen Gewitters, bei dem sich die Sonne hinter dicken Wolken versteckt hat, erscheint die alles erhellende und erwärmende Sonne wieder und ihre Strahlen durchdringen jedes dieser vielen Wassertröpfchen. In diesen winzigen Wassertröpfchen wird das Licht vielfach gebrochen (ähnlich wie beim Glasprisma) und in „Farbstrahlen" aufgefächert. Regenbögen in der Natur entdecken wir nicht nur nach einem Regenguss, sondern auch in der Nähe von größeren Wasserfällen,

wo in der Umgebung des Wasserfalls die Luft mit vielen mikroskopisch kleinen Wassertröpfchen gefüllt ist, in denen sich das Sonnenlicht bricht. Dieses Lichtgebilde, das die Regenbogenfarben enthält, nennen wir in der Physik Spektrum.

Obwohl physikalisch erklärbar, hat für die meisten Menschen der Regenbogen aber nichts von seinem Zauber verloren. Die Wahrnehmung und Wirkung von Farben ist eben mehr als physikalische Gesetzmäßigkeit.

Goethe hat sich ein Leben lang mit den Farben beschäftigt und sein Werk „Zur Farbenlehre" als seine wichtigste Forschung bezeichnet. Er setzt sich darin intensiv mit Newtons Theorien auseinander und bemüht sich mit allem Nachdruck, diese zu widerlegen. Goethe nannte die Farben „Taten und Leiden des Lichts". Seine Farblehre beinhaltet die „sinnlich sittliche Wirkung der Farben". Goethe war vielleicht der erste „Farbpsychologe". Seine Darstellung der Entstehung der Farben ist keine Wissenschaft, sondern mehr eine „Lebenslehre" (Friedenthal). Auch wenn die Physik Newton folgte: vom phänomenologischen Standpunkt aus gesehen hat Goethe durchaus Recht. Seine Grundfarben Purpur, Gelb und Blau nehmen das Prinzip der heutigen Drucktechnik vorweg, die mit den Farben Rot, Gelb, Blau (und Schwarz) arbeitet. Der Goethesche Farbkreis mit den sechs Farben Purpur, Blaurot (= Violett), Blau, Grün, Gelb, Gelbrot (= Orange) wurde wegen seiner harmonischen Regelmäßigkeit sehr wichtig für den Bereich der Kunst und bildete zum Beispiel die Grundlage für Johannes Itten und die Farbenlehre des Bauhauses (vgl. auch den Farbkreis S. 53).

Rudolf Steiner baut ebenfalls auf die Farbenlehre Goethes auf und hat diese mit theosophischer Gnosis verbunden. Seine Farblehre ist keine traditionelle, vielmehr spricht er von „Bildfarben und Glanzfarben", dies sind für ihn „methaphysische Farben" von Tod, Leben, Seele und Geist. Außerdem baut Steiner auf der Erkenntnis auf, dass der Mensch nur das wahrnehmen kann, wofür er auch Organe hat. Dazu gehört für ihn auch, dass der Mensch über „geistige Organe" verfügt, die die meisten Menschen jedoch nicht bewusst wahrnehmen. Dies soll jedoch durch seinen „geistigen Schulungsweg" möglich werden. Hier geht Steiner über die Dimension des Physischen hinaus.

Jetzt aber zurück zur Funktion unserer „physischen Organe", die in Verbindung mit Licht unser Farbensehen ermöglichen: In unsere Augen dringt Licht ein und trifft auf die Netzhaut. Dort wird es durch die Sinneszellen der Netzhaut (nach ihrer Form Stäbchen und Zäpfchen genannt) absorbiert. Die Stäbchen reagieren auf die Intensität des Lichts, sie sind für das Hell-Dunkel-Sehen verantwortlich, während die Zäpfchen auf die unterschiedlichen Frequenzen des Lichts ansprechen und damit für das Farbsehen zuständig sind. Nun werden entsprechende Signale in das Sehzentrum des Großhirns weitergegeben. Farbe entsteht also im „Geist des Wahrnehmenden", über das Auge im Gehirn des Menschen.

Dies sind unsere physischen Wahrnehmungsorgane. Jedoch gibt es auch Licht- bzw. Wellenfrequenzen, die wir nicht mehr optisch wahrnehmen können, die man aber heute mit wissenschaftlichen Untersuchungsmethoden messen kann. Dies sind z. B. der Infrarot- und der Ultraviolettbereich. Man weiß aber, dass Tiere (z. B. Bienen) den ultravioletten Bereich wahrnehmen können. Sie „sehen" Ultraviolett als sichtbare Farbe. Dafür können sie kein Rot erkennen. Ihr sichtbares Spektrum ist also im Gegensatz zu unserem eine Stufe weiter nach unten verschoben.

Wir sehen natürlich viel mehr Farben als die bunten Farben des Spektrums. Wir sehen auch die unbunten Farben Weiß, Schwarz, Braun und die Mischtöne der bunten Farben mit den unbunten. Für Braun etwa ist im Licht keine „Wellenlänge" vorhanden, die allein die Fähigkeit besitzt, diese Farbe in Erscheinung zu bringen. Dazu müssen mehrere Wellenlängen, also mehrere Spektralfarben zusammenwirken.

Bei der Farbe Schwarz wird der größte Teil der Lichtstrahlen nicht reflektiert, sondern absorbiert. Die wenigen Lichtstrahlen, die dabei zurückgeworfen werden, enthalten alle Farbstrahlen. Was wir als Schwarz sehen, ist nicht das Ergebnis eines bestimmten Farbstrahles, es ist das fast lichtlose Resultat aller Farben. Weiß dagegen reflektiert nahezu das ganze Licht, und in diesem Licht sind wiederum alle Farbstrahlen enthalten. Eine eigenartige Ähnlichkeit und Verschiedenheit dieser zwei Farben ...

Farben sind mehr als in Nanometer messbare Lichtwellen. Sicherlich ist das vom „wissenschaftlichen Denken" her etwas vereinfacht dargestellt, doch ist die Wissenschaft ja auch nicht Thema dieses Buches. Wer mehr über physikalische und optische Hintergründe wissen möchte, sei auf das Literaturverzeichnis verwiesen.

Unsere Farbwahrnehmung hat zwar mit den physikalischen Gesetzen des Lichts zu tun, aber auch mit der Physiologie des Auges und des Gehirns. Dieser Sehprozess unterliegt bestimmten Gesetzen und kann trotzdem individuell variieren, weil er letztendlich immer auch durch psychische Prozesse beeinflusst wird. Es gibt hier keine „letzte Wahrheit". Es gibt vielmehr Gesetze, Erkenntnisse und viele Erfahrungen.

Dieses Buch soll keine „graue Farbtheorie" sein, sondern Farben in ihrer Lebendigkeit, ihrem Wesen und in ihrer Wirkung beschreiben. Eine farbige Welt ist eine interessante, spannende, lebendige, heitere, fröhliche, melancholische, abwechslungsreiche, einfühlsame und fühlsame Welt. Farben und Gefühle gehören eng zusammen.

Wie Farben auf uns wirken und was sie bewirken

Farben lassen uns nicht gleichgültig. Die Vorstellung einer Welt ohne Farben ist trostlos. Es stellt sich das Bild eines toten „Grau in Grau" ein. „Grausam" und „grauslig" ist diese Vorstellung. Ein inneres Bild, das bleiern und leblos auf uns wirkt, entsteht. Das hässliche Einheitsgrau wirkt deprimierend. Zum Glück ist unsere Welt voller Farben! Jedoch nur, wenn es hell ist. Farben und Licht gehören zusammen. Natürlich ist die Erdbeere auch nachts noch rot, es fehlt nur das Licht, das die „roten Strahlen" in seiner Wellenfrequenz an unser Auge weiterleitet.

An einem „farbenfrohen" Tag sind wir in einer heiteren, positiven und entspannten Stimmung. Einen lichten, in hellen, warmen Gelbtönen gestalteten Raum erleben wir belebend, anregend und heiter stimmend. Ein Raum mit viel Rot empfinden wir aktivierend, als „auf uns zukommend", dies kann aber auch erdrückend und beengend und aggressiv wirken. Die Lebendigkeit des Rots kann, wenn es zu viel ist, zu aufputschend sein. Ein Raum, der in ruhigen Blautönen gehalten ist, wirkt auf uns beruhigend, ernst, wir können ihn aber auch kühl und distanzierend erleben. Farben lösen Stimmungen aus! Und das nicht nur emotional, sondern bis ins Physische hineingehend.

Vor allem seit den 50er Jahren hat man sich

in der Psychologie, der Werbung und der Industrie sehr intensiv mit „Color-Engineering" oder „Farbpsychologie" auseinander gesetzt. Die Farben wurden als Gestaltungsmittel in Büros und Fabriken als Mittel eingesetzt, um gute Arbeitsstimmung hervorzurufen, und wirken in der Werbung konsumfördernd. In den letzten Jahre kamen eine Reihe von Büchern mit Titel wie: „Farbberatung für die Wohnung" oder „Welcher Farbentyp sind Sie?" auf den Markt. Bei einer guten Farbgestaltung und -beratung wird man die Farben nicht nur rein ästhetisch setzen. Die Grenzen zur therapeutischen Wirksamkeit sind hier fließend.

Die gegensätzlichsten Farben in Bezug auf Körperreaktionen sind Rot und Blau. Durch Untersuchungen hat man festgestellt, dass „ein Mensch, der einige Zeit einer Rotbestrahlung ausgesetzt ist, anders reagiert als einer, der im Blaulicht sitzt. Der Puls verändert sich, der Blutdruck wird beeinflusst, der Hormonhaushalt empfindlich getroffen, ja selbst die Gedanken und Träumereien, die entstehen, werden verschieden beeinflusst" (Heinrich Frieling, „Mensch und Farbe", S. 10).

Durch Versuche weiß man, dass ein rotorange getünchter Raum subjektiv um drei bis vier Grad wärmer empfunden wird als ein grünblau gestrichener Raum. Es wurden auch Versuche mit Tieren gemacht und man erreichte ähnliche Wirkungen: In einem Stall mit blauen Wänden beruhigten sich Pferde unmittelbar nach einem Rennen schneller als im roten Stall, in dem sie noch lange Zeit unruhig blieben.

Der Maler und Lehrer am Bauhaus Johannes Itten hat sich intensiv mit der Wirkung von Farben beschäftigt. Seine Ergebnisse zeigen u. a., dass sich das Betrachten von warmen Orangetönen kreislauffördernd auswirkt, Türkis dagegen die Blutzirkulation verlangsamt und kühlend wirkt. Gelbes Licht stimuliert seelisch und hält uns wach.

Rudolf Steiner empfiehlt in seiner Pädagogik, kleine Kinder, deren Temperament in dieser Altersphase sanguinisch, vielleicht sogar unruhig und übermotorisch ist, vor allem rot zu kleiden und auch ihre Umgebung rot zu gestalten. Dann würde im Inneren der Kinder die Gegenfarbe, nämlich das beruhigende Grün erscheinen: „Ein aufgeregtes Kind muss man mit roten und rotgelben Farben umgeben und ihm Kleider in solchen Farben machen lassen ... Es kommt nämlich auf die Farbe an, die als Gegenfarbe im Innern erzeugt wird. Das ist z. B. bei Rot die grüne ... Diese Gegenfarbe wird von den physischen Organen des Kindes erzeugt und bewirkt die entsprechenden, dem Kinde notwendigen Organstrukturen. Hat das aufgeregte Kind eine rote Farbe in seiner Umgebung, so erzeugt das in seinem Innern das grüne Gegenbild. Und die Tätigkeit des Grünerzeugens wirkt beruhigend, die Organe nehmen die Tendenz der Beruhigung in sich auf" (Rudolf Steiner, „Die Erziehung des Kindes").

Es ist tatsächlich so, dass wir bei „zu viel" Rot die Komplementärfarbe, nämlich Grün sehen. Wir können dies selbst testen, indem wir einen knallroten farbigen Punkt von einigen Zentimetern Durchmesser auf weißes Papier aufmalen oder aus rotem Tonpapier ausschneiden. Wenn wir diesen roten Farbfleck einige Zeit fixieren und anschließend auf die weiße Fläche schauen, sehen wir ein Nachbild, einen hellgrünen Punkt. Dieser grüne Punkt ist natürlich nicht wirklich vorhanden, sondern wird in unserem Inneren (im Auge und im Gehirn) erzeugt.

In Waldorfeinrichtungen fällt den Besuchern auf, dass die Räume farbig gestaltet sind. Die Wände sind jedoch nicht einfach bunt angestrichen, sondern in zarten, pastellig wirkenden Pflanzenfarblasuren getönt. Dadurch wirken die Wände belebt, sie scheinen „zu atmen". Die Farbtöne selbst entwickeln sich in den verschiedenen Klassen der Waldorfschulen in der Reihenfolge der Farben des Regenbogenspektrums: „vom kräftigen Rot der 1. Klasse über zartere Rottöne zum Orange der 4. Klasse, das sich immer stärker mit Gelb mischt, vom reinen Gelb der 7. Klasse über das Grün der 8., Blautöne in der 9. und 10., die schließlich in der 11. und 12. Klasse ins Violett übergehen. So spiegeln die Farben der Klassenzimmer die Entwicklung vom mehr willensbetonten Erstklässler (Rot) über den ‚grünen' Pubertierenden zum jungen Erwachsenen, dessen geistige Reife sich im Violett ausdrückt" (Marielle Seitz / Ursula Hallwachs, „Montessori oder Waldorf", S. 143).

Interessanterweise kommt Heinrich Frieling bei einer Untersuchung über die von Kindern bevorzugten Farben zu dem Ergebnis, dass in der Vorschul- und Einschulungszeit die Farben Purpurrot und Reinrot (eher Karmin als Zinnoberrot) von den Kindern bevorzugt werden. Statistisch nachweisbar wandeln sich die „Lieblingsfarben" der Kinder mit zunehmenden Lebensjahren. „Im großen gesehen erscheinen die jeweils bedeutenden Farben in der Abfolge des Regenbogens" (Heinrich Frieling, „Mensch und Farbe", S. 41). In Waldorfeinrichtungen ist die Gestaltung der Unterrichtsräume also nicht in erster Linie etwas Optisches, nach den Gesetzen der Innenarchitektur Gestaltetes, sondern hat durchaus menschenkundliche Begründungen.

Inzwischen ist allgemein anerkannt, dass Farben auf uns Menschen wirken. Dass wir Farben über unseren Sehsinn aufnehmen, ist uns allen klar. Dass aber auch unsere Haut „Farben sehen kann", wissen die wenigsten. Durch Untersuchungen hat man festgestellt, dass Bestrahlungen mit farbigem Licht selbst bei erblindeten Menschen motorische Reaktionen auslösen. Auch Sehende reagierten bei Bestrahlungen, die nur von hinten erfolgten, mit den gleichen Ergebnissen. Farben wirken offensichtlich durch ihre Schwingungen auf den menschlichen Organismus. Und das auch jenseits der optischen Wahrnehmung.

So gibt es auch Zusammenhänge zwischen Farben und Tönen. Synästhetiker (Menschen, bei denen die Sinnesorgane „überlappend" funktionieren) berichten beispielsweise davon, dass sie bei Tönen auch Farben und Formen wahrnehmen. Durch Untersuchungen weiß man, dass Töne und Geräusche im menschlichen Auge die Aktivität der Stäbchen, die für die Wahrnehmung von Hell-Dunkel zuständig sind reduzieren, jedoch die der Zäpfchen, die für das Farbensehen verantwortlich sind, steigern: Dadurch erhöht sich die Farbempfindlichkeit der Augen.

Auch in der Schulmedizin ist die Wirkung von Farben durchaus bekannt und anerkannt. Seit vielen Jahren behandelt man mit Rotlicht Entzündungen und Vernarbungen, blaues Licht wird in den Säuglingsabteilungen der Krankenhäuser zur Behandlung von gelbsüchtigen Babys eingesetzt, weißes Spektrallicht ist eine Medikation bei Winterdepressionen, mit ultraviolettem Licht hat man gute Erfolge bei Psoriasis (Schuppenflechte) und in der Krankengymnastik führt man Wärmebehandlungen mit infrarotem Licht durch. Röntgenstrahlen, ultraviolette Strahlen und Infrarotstrahlen haben kürzere oder längere Wellenlängen als das für uns sichtbare Spektrum mit seinen Schwingungen. Den sichtbaren wie den unsichtbaren Strahlen gemeinsam aber ist, dass sie Seele, Geist und Körper beeinflussen können.

Alternative Behandlungsformen wirken durch reine Farbbestrahlung mit farbigem Licht oder Auflegen von farbigen Tüchern und farbigen Edelsteinen. Esoterische Farbtherapien arbeiten mit der Stimulierung von Aura- und Chakrenfarben. Auch Trinkwasser wird von einigen Farbtherapeuten farbig bestrahlt, manche empfehlen farbige Körperöle, das Zusammenstellen des Speiseplans nach bestimmten Farben und das Visualisieren und Atmen von Farben. Manches mag für uns etwas exotisch und abgehoben wirken, dennoch war in früheren Zeiten das Heilen mit Farben etwas Selbstverständliches. Die ersten Hinweise auf Farbtherapien finden wir 2500 v. Chr. im alten Ägypten. Auch in der indischen Tradition war die Farbtherapie verbreitet. Dort war es vor allem die Methode, über ausgewählte Farben zu meditieren oder auf bestimmte Körperstellen (Akupunkturpunkte) farbige Edelsteine zu legen.

In unserer abendländischen Tradition finden sich in der Geschichte der Medizin 900 n. Chr. die ersten Hinweise zu Farbtherapien. Der Alchimist und Philosoph Avicenna schlug vor, die verschiedenen Temperamente mit verschiedenen Farben (Sonnenlicht, das durch gefärbte Glasscheiben fiel) zu behandeln. Zu Beginn des 19. Jahrhunderts wurde das alte Wissen der Heilkraft der Farben wieder entdeckt. Und zu Beginn und bis zur Mitte des 20. Jahrhundert wurde diese Erkenntnis um die Wirkung der Farben mit zum Teil neuen technischen Methoden (z. B. die Farbbehandlung mit dem Spectrocome, einer Art Diaprojektor) umgesetzt. Seit einigen Jahren erleben wir einen Boom der alternativen Farbtherapien. Manche Behandlungsmethoden sind sicherlich mit Vorsicht zu genießen. Doch gibt es auch eine Reihe von erstaunlichen Heilerfolgen.

Farbenwahrnehmung bei Kindern

Farben und Kinder gehören einfach zusammen. Trotzdem kennen etwa fünfjährige Kinder mehr Wörter für Formen als für Farben. Zweijährige verwenden zuerst den Namen einer Grundfarbe, um alle anderen Farben damit zu bezeichnen, z. B. Rot. Danach lernen sie, ohne eine besondere Reihenfolge beizubehalten, die anderen drei Farbwörter, also Gelb, Blau, Grün. Erst wenn sie diese vier Farbwörter beherrschen, ordnen sie diese auch den entsprechenden Farben zu. Kleine Kinder können schon relativ früh Farben unterscheiden, benennen diese aber sehr viel später.

Entwicklungspsychologen sprechen hier von drei verschiedenen Funktionskurven bei der Entwicklung der Farbunterscheidung. Die Verbindung von Farbe und Sprache ist die am spätesten entwickelte.

Interessant ist, dass dies heutzutage wesentlich früher passiert als noch am Anfang dieses Jahrhunderts. Durch Forschungen weiß man, dass 1908 in der Regel erst achtjährige Kinder alle vier Farbnamen richtig anwenden und zuordnen konnten. 1950 waren die Kinder mit diesen Fähigkeiten dagegen nur fünf Jahre jung. Die Psychologen sprechen vom „inneren Farbraum" als der Farbanordnung in unserem Kopf und dieser differenziert sich früher, wird früher abrufbar. Auch die Außenwelt der Kinder wird immer „bunter". Spielzeuge in allen Farben! Noch vor wenigen Jahrzehnten war die typische Farbe für Kinderspielzeug Rot. Der rote Ball, der rote Roller sind die nostalgischen Erinnerungen an die Zeit unserer Kindheit. Heute unterliegt dies mehr dem Modediktat. Nicht nur der rote Roller ist ein Relikt, der Roller selbst ist heute selten. Heute bekommen die Kinder ein Montainbike in Farben, die früher ganz „unmöglich" gewesen wären, geschenkt, in Pink beispielsweise

Kinder orientieren sich normalerweise gern an Lieblingsfarben. Heinrich Frieling berichtet 1972 von Untersuchungsergebnissen, nach denen die Kindergarten- und Vorschulkinder Purpurviolett und Reinrot bevorzugen. Auch in der Altersgruppe der Neun- bis Zehnjährigen gehörte Rot noch zur führenden Lieblingsfarbe. Bei den Elf- bis Zwölfjährigen ist es mehr das Gelb und Grün, bei den Dreizehn- bis Vierzehnjährigen dominiert das Ultramarinblau und wird in der Pubertät meist von Schwarz abgelöst. Auch Ende der neunziger ist die Trendfarbe der Jugendlichen Schwarz. Jedoch haben sich die „Kinderfarben" verändert. Die Welt der Kinder ist heute eher auch in ihren Farben eine „Welt der Großen im Kleinen". In der Kinderkleidung und im Kinderspielzeug dominieren heute die „Modefarben".

Obwohl kleine Kinder die Farbwörter relativ selten schon sicher beherrschen, ordnen sie bereits im Alter von drei Jahren Gegenstände nach Farben. Erst ab dem Schulalter ordnen sie eher nach Formen als nach Farben.

Allmählich sind sie auch zu einer immer differenzierteren Wahrnehmung der verschiedenen Farbtöne und ihrer Abstufungen fähig Und sie lernen immer mehr Bezeichnungen für diese Farben. Braun ist dann nicht gleich Braun, sondern vielleicht Kack-Braun. Zur differenzierteren Wahrnehmung tritt also die zunehmend differenzierte Farbbezeichnungen und manchmal erfinden Kinder auch selbst originelle Farbnamen. Nun verwenden sie auch gerne Assoziationsnamen, z. B. rot wie das Dach usw.

Die Farbwahrnehmung selbst funktioniert wohl schon bei sehr kleinen Kindern. Oerter schreibt in seiner „Modernen Entwicklungspsychologie", dass vermutlich schon Säuglinge unmittelbar nach der Geburt Farben unterscheiden können: „Schon 1937 gelang Chase ein Nachweis der Farbunterscheidung bei 15 bis 70 Tag alten Kindern. Er projizierte auf einem Schirm, der sich über dem liegenden Kind bcfand, einen Farbkreis in einem größeren umgebenden Kreis von anderer Farbe, aber gleicher Helligkeit und Sättigung. Der innere Farbkreis wurde nun hin und her bewegt. Diese Bewegung ist nur für Farbsehende sichtbar. Chase beobachtete bei den Kindern Augenbewegungen, wenn der Innenkreis bewegt wurde. Auf diese Weise ließ sich zeigen, dass Babys zwischen rot und gelbgrün, rot und grün und zwischen rot und blaugrün unterscheiden können" (Rolf Oerter, „Moderne Entwicklungspsychologie", S. 347).

Kleine Farbporträts

BLAU

Blau ist sicherlich mit Abstand schon seit Jahren die beliebteste Farbe. Wenn ich in Kursen und Fortbildungen aus den Farbkarten die Lieblingsfarbe aussuchen lasse, greifen viele der Teilnehmer zuerst nach den blauen Farbkarten. Dabei werden die verschiedenen Blautöne aus ganz unterschiedlichen Gründen ausgesucht.

Warum ist Blau eine so sehr beliebte Farbe? Ist es eine Folge des Modediktats, dem wir mehr oder weniger alle unterliegen? Oder liegt der hohe Beliebtheitsgrad dieser Farbe darin begründet, dass Blau viele angenehme Eigenschaften symbolisiert? Es sind dies: Sympathie, Treue, Sehnsucht, Romantik, unbegrenzte Freiheit …

Interessant ist, dass die meisten Frühjahrsblumen blau und gelb blühen. Blaue Leberblümchen, Hyazinthen, Blausternchen, Krokusse, und Szilla … Im volkstümlichen Glauben der bäuerlichen Landbevölkerung meinte man, dass das Pflücken der blauen Leberblümchen Unglück bringen würde. Man pflückte diese Blumen, die als die ersten Frühlingsblumen aus dem braunen Laub des Vorjahrs spitzen, niemals für die Vase daheim – im Gegensatz zu den gelben Schlüsselblumen, die in alten Märchen und Erzählungen immer wieder eine wichtige Rolle spielen (s. S. 35).

Bei der Übung, viele Farbnamen zu finden und sie sich dann gegenseitig vorzulesen, haben die Teilnehmer immer wieder bestätigt, dass die „Blaunamen" irgendwie weiter entfernt empfunden werden (im Gegensatz zu anderen Farben, z. B. Gelb, das in der Regel sehr nah, fast körperhaft empfunden wurde). Die blaue Farbe schafft auch Perspektive, eine Illusion von Raum auf einem zweidimensionalen Blatt. „Luft- oder Farbperspektive" nennen das die Maler. In der Malerei des späten Mittelalters haben die Künstler oft diesen „Trick" angewandt. Alles, was sich auf dem Bild weiter weg befindet, wurde in bläulichen Farbtönen gemalt. Helle Blautöne wirken mehr in die Ferne, intensive Blautöne wirken dagegen näher. Durch die Blauabstufungen vom Dunklen zum Hellen erreicht man die Illusion der Weite des Himmels. Insgesamt erzeugt die Farbe Blau den Eindruck von weiter Ferne.
Auch unsere Redensarten spiegeln diese Erfahrung wider, wenn wir etwa an die Wendungen „ins Blaue fahren" oder „ins Blaue hineinreden" denken.
Als starken Gegensatz zum weiten Blau empfinden wir das erdige Braun. Es erscheint

massiv, erdig, materiell, während Blau mit dem luftigen und dem wässrigen Element verbunden wird.

Die blaue Farbe vermittelt jedoch in ihrer Wirkung auch eine gewisse Ambivalenz. Man kann dies an sich selbst beobachten, wenn man auf einer Bergwanderung während einer Rast auf dem Rücken liegend in den blauen Himmel schaut. Lässt man dies eine Zeitlang auf sich wirken, merkt man, wie der Blick in die Höhe, in die Weite geht. Gleichzeitig empfindet man den blauen Himmel aber auch wie eine blaue Glocke, die Geborgenheit spendet.
Das Wasser der Erde wiederum reflektiert die Farbe des Himmels. Das luftige Element ist im Idealfall ebenfalls strahlend blau. Dann empfinden wir diese blaue Farbe in ihrem Strahlen fröhlich, zuversichtlich, gut gelaunt. Dieses Blau erinnert uns an Urlaub, Sonne, Wärme, Meer, Entspannung und Energie. Nach einer Erkrankung oder einer Depression raten Mediziner auch oft zu einem Aufenthalt im Süden oder im Gebirge, dort wo wir das Blau am intensivsten in dieser strahlenden Wirkung erleben können.

Aber Blau hat nicht nur diese strahlende, positive und angenehme Wirkung. Blau kann in seinen vielen Schattierungen auch melancholisch, traurig, depressiv, dunkel und abgründig bis bedrohlich wirken.
In den verschiedenen Kulturkreisen gibt es daher auch verschiedene Bedeutungen der Farbe Blau. Ältere Berichte über China

schildern z. B. den Brauch, dass der Kaiser (als der Sohn des Himmels) im Frühjahr blaue Kleider trug. Bei diesem Frühjahrsbrauch waren blaue Banner und eine blaue Verkleidung der Wagenpferde vorgeschrieben. Auch ein „blaues Kästchen" spielte bei diesem Brauch eine geheimnisvolle Rolle.

Im Orient ist der Symbolgehalt von Blau mehrdeutig. Zum Grün hingehend hat es eine himmlische Bedeutung. Das reine Grün ist im Islam die Farbe des Propheten Mohammed. Die Kuppeln der Moscheen sind grün-blau. Dieses Türkisblau ist im Islam die Himmelsfarbe. Aber nicht nur die Kuppeln der Moscheen sind in diesem Türkisblau gehalten, auch in der Wandgestaltung dominiert ein türkises Blau auf den glasierten Kacheln. Das Blau der „blauen Moschee" in Istanbul ist ein helles Blau, das dunkle Blau dagegen ist im Orient die Farbe des Schlechten, Bedrohlichen. Die Farbe der himmlischen Kräfte ist dort jedoch immer die türkisblaue Farbe.

Es gibt einen Stein von dieser Farbe, der Türkis heißt. Er wird besonders häufig in der Türkei gefunden. Der Türkisstein ist ein Stein, dem in Verbindung mit einem Amulett schutzbringende Wirkung nachgesagt wird. In südlichen Ländern gibt es heute noch Anhänger mit dem blauen Stein, der vor dem „bösen Blick" schützen soll.

Im tibetischen Buddhismus ist der türkise Stein, kombiniert mit roten Korallen, ein Symbol für Yin und Yang, für die Verbindung und Einheit von Himmel und Erde. Von der Wirkung der Farben her (unabhängig vom Edelstein) ist es die Verbindung einer kalten und einer warmen Farbe.

Der wichtigste und wertvollste Stein zur Herstellung der Farbe Blau war lange Zeit der Lapislazuli. Dies ist ein Halbedelstein, der tiefblau, undurchsichtig und mit vielen Gold- und Silberadern durchzogen ist. Obwohl sein Blau manchmal sehr dunkel ist, wird ihm positive Wirkung nachgesagt.

Das Blau, das aus diesem wunderschönen Lapislazuli hergestellt wurde, nannte man Ultramarin, das heißt „von jenseits des Meeres". Und daher kam dieser kostbare Stein auch: von Afghanistan wurde er über den Vorderen Orient nach Europa gebracht. Man fand ihn dort in Gold- und Silberbergwerken.

Das leuchtende Ultramarinblau, das man früher aus diesem blauen Lapislazuli herstellte, war eine sehr kostbare, seltene Farbe und wurde deshalb mit Gold aufgewogen. Der Lapislazuli wurde dafür zu einem feinen Pulver zermahlen und mit Bindemitteln vermischt. Dieses Blau war die Farbe der größten Verehrung. In der mittelalterlichen Malerei war Blau die Farbe der höchsten Heiligen. Maria, die Mutter Gottes, wurde im blauen Mantel gemalt. Wir kennen alle die bekannten Darstellungen der Schutzmantelmadonna. Maria hält ihren blauen Mantel über die vielen betenden Gläubigen. Der blaue Mantel wirkt so weit wie der schützende und alles überragende Himmel.

Auch in anderen Kulturen sind die Götter

blau. Krishna, ein indischer Gott, hat sogar blaue Haut. Auch dem ägyptischen Gott Amun wird Blau zugeordnet. In Ägypten war Blau eine Farbe der Götter. Der kostbare blaue Lapislazuli wurde für die blauen Augen und die gold-blauen Pharaonenmasken eingeschmolzen.

Weil der Lapislazuli so kostbar war, sagte man ihm auch heilende Wirkungen nach. Er sollte vor allem gegen die „blauen, melancholischen Krankheiten" gut sein. Pulverisierter Lapislazuli wurde als gutes Mittel gegen Depression und Schlaflosigkeit gegeben.

Heute wird die Malerfarbe Ultramarin natürlich synthetisch hergestellt. Es gibt sogar künstliche Züchtungen des Lapislazuli. Der echte Lapislazuli hat jedoch nichts von seiner Ausstrahlung eines kostbaren, besonderen, heilenden Steins verloren. Durch die feinen Verästelungen der Gold- und Silberfäden der Pyritablagerungen wirkt er ungewöhnlich schön.

Blaue Kleidung war jedoch nicht nur ein „Privileg" der himmlischen Heiligen. Es ist auch die Farbe der Arbeitskleidung, der Armee, der Jeansgeneration. Als typische Arbeitskleidung kennt man den „Blaumann", den „blauen Zwirn". In England und Amerika gibt es die sog. „blue-collar workers". Dies sind Handwerker, die blaue Arbeitskleidung tragen. Bei uns sind dies die „Blaumann-Berufe". Chinesische Arbeiter tragen ebenfalls blaue Anzüge, auch die Mao-Mütze und der Mao-Anzug waren blau mit rotem Stern. Die Chinesen in den

blauen Anzügen wurden auch oft als blaue Ameisen bezeichnet. China war seit Jahrhunderten Anbauland für Indigo, mit dem man wunderschöne blaue Farben herstellen konnte. Es war dies ein leuchtendes, schönes Blau, im Gegensatz zum eher dunklen, fast schmutzig wirkenden Waidblau. Indigo war der Farbstoff, der aus Indien kam (= der Indische). Mit Indigo färbte man schon seit tausenden von Jahren in wunderbaren Blautönen Stoffe ein. Ägyptische Mumien wurden in blaue Stoffe gewickelt und auch bei den Indianern war das Färben mit Indigo bekannt. Vor etwa hundert Jahren wurde Indigo erstmals synthetisch hergestellt. Die Indigobauern konnten bei den Preissenkungen des künstlichen Indigos nicht mehr mithalten. Die Jeans-Generation mit dem beliebten typisch verwaschenen Indigoblau war geboren.

Obwohl Blau eine himmlische Farbe war und ist, spielt es als Liturgiefarbe in unseren Kirchen keine Rolle. 1570 wurden von Papst Pius V. die liturgischen Farben vorgeschrieben. Blau gehörte nicht dazu. Das gewöhnliche und alltägliche Blau der Waidbauern wirkte für die Altardecken, den Kirchenschmuck und die Kleidung der Priester zu profan.

Blaue Kleidung durfte im Mittelalter jedermann tragen. Je leuchtender der gefärbte Stoff jedoch war, desto höher war der gesellschaftliche Status des damit Bekleideten. Das schönste Blau war und ist das „Königsblau". Es war die Modefarbe des französischen Hofes unter Ludwig XIV. Dabei handelt es sich allerdings um leuchtend blaue, mit kostbarem Indigo eingefärbte Luxusstoffe.

Im Mittelalter wurde die Farbe zum Färben der einfachen Textilien aus Waid hergestellt. Farbige Kleidung zu tragen war früher keine Farbe des Geschmacks, sondern des Geldbeutels. Blau war relativ einfach zu färben und deshalb die am häufigsten vertretene und beliebteste Kleiderfarbe. Auch Soldatenuniformen waren in Deutschland seit dem 17. Jahrhundert blau. Die Bayern hatten hellblaue Uniformen, die Preußen dunkelblaue. Dieses Preußischblau wurde zum einen ausgesucht, weil es ordentlich, seriös und angepasst wirkte, zum anderen waren wirtschaftliche Motive ausschlaggebend. Durch die Herstellung der preußischblauen Uniformen wurden in Deutschland die Waidbauern wirtschaftlich unterstützt.

Seit dem Mittelalter wurde der Waid vor allem in Thüringen angebaut. Der Waid ist eine kerzengerade wachsende, hohe Pflanze, die 140 cm hoch werden kann. Sie hat kleine, gelbe Blüten. Zum Färben verwendet man jedoch nur die Blätter. Sie werden zerstampft und getrocknet. Diese Waidblätter waren die Grundlage der Blaufärberei.

Zur Blaufärberei musste es heiß sein. In der Sonne wurden die Waidblätter gut getrocknet und dann in einen großen Bottich gegeben. Zum guten Wetter brauchte man noch einen „besonderen Saft", nämlich menschlichen Urin. Dieser wurde mit den Blättern vermischt, bis eine Brühe (so kann man es sicherlich nennen) entstand. Diese Brühe

musste in der Sonne gären. Durch diese Gärung entstand Alkohol. Die chemischen Abläufe waren im Mittelalter sicherlich nicht bekannt, aber die Wirkung. Man wusste aus Erfahrung, dass mit dieser Gärung, durch den Alkohol die Farbstoffe entstanden. Vielleicht war es auch ein Erfahrungswert, dass der Alkohol nicht extra zugegeben werden musste. Die Färbergesellen glaubten, dass der Alkohol, wenn sie ihn vorher tranken, dann mit dem Urin wieder ausgeschieden würde. So wurde im wahrsten Sinne des Wortes das Angenehme mit dem Nützlichen verbunden. Es dauerte tagelang, bis die Gärung beendet war. So lange hatten die Färbergesellen Alkohol zu trinken und mit den Füßen in der stinkenden Brühe herumzusteigen, damit die Waidbrühe ständig bewegt wurde. Erst nach einem lange dauernden Gärungsprozess, bei dem immer wieder Alkohol getrunken und der Waidbrühe Urin zugegeben werden musste, konnten die Stoffe in das Farbbad gelegt werden. Die blaue Farbe der mit Waid gefärbten Stoffe entstand dann beim Trocknen der Tücher an der Sonne. Daher kommt sicherlich unsere Redensart blau sein (betrunken sein) oder der oder die macht blau (einen freien Tag einlegen). Wenn früher die blauen Tücher zum Trocknen auf den Leinen hingen, wusste man, dass die Färber blau (also betrunken) waren und dann auch blau machen konnten.

Die „blue hour" ist in England und Amerika die Stunde nach der Arbeit. „Blue" wird dort jedoch nicht mit dem Zustand des Betrunkenseins in Verbindung gebracht, sondern mit dem Gefühl der Melancholie. Im „Blues" wurden dann solche Gefühle musikalisch umgesetzt.

So ist die symbolische Bedeutung der Farbe Blau auch von der kulturellen Prägung abhängig. Ein Russe mit „blauem Charakter" ist nun mal nicht betrunken, sondern ein sanfter Mensch. „Blauäugig durchs Leben zu gehen" bedeutet nicht unbedingt wirklich blaue Augen zu haben, sondern ist ein Ausdruck für Naivität. Typische „Blaustrümpfe" sind nicht blaue, gestrickte Strümpfe, sondern ein bestimmter Frauentyp. „Blue-stocking clubs" in England waren private Treffen von kulturell gebildeten Menschen. Werden Frauen heute als Blaustrumpf bezeichnet, ist dies eher diskriminierend und abwertend gemeint. Die Adeligen werden oft „blaublütig" genannt. Sie haben und hatten natürlich nicht wirklich blaues Blut, sondern konnten sich früher allein das Privileg leisten, ihre Haut mit den dann bläulich schimmernden Adern vor der Sonne zu schützen.

Die Spannbreite von Blau war und ist in den verschiedenen Ländern und Kulturen sehr groß. Blau ist zugleich eine heilige, heilende und auch irdische, ja sogar eine dämonische Farbe.

Blau ist von seiner Wirkung her sicher die weiteste und zugleich tiefste aller Farben. Wir assoziieren mit ihr unbegrenzte Weite und Ferne. Und damit auch Gefühle wie Sehnsucht. Für Johannes Itten zieht Blau „unseren Geist auf den Schwingungen des Glaubens in die Ferne der Unendlichkeit" (Johannes Itten, „Kunst der Farbe", S. 135).

In seinem Roman „Heinrich von Ofterdingen" ließ Novalis den jungen Heinrich von einer blauen Blume träumen, die zwischen blauen Felsen an einer blauen Quelle wächst. Diese Sehnsucht nach der blauen Blume wurde zum Symbol der Romantik.

Blau ist zugleich die Farbe der Treue. Eine Blume mit kleinen blauen Blüten haben wir ja auch „Vergissmeinnicht" genannt. „Männertreu" ist ebenfalls eine blau blühende Pflanze.

Kandinsky charakterisiert Blau folgendermaßen: „Die Neigung des Blaus zur Vertiefung ist so groß, dass es gerade in tieferen Tönen intensiver wird und charakteristischer, innerlicher wirkt. Je tiefer das Blau wird, desto mehr ruft es den Menschen in das Unendliche, weckt in ihm die Sehnsucht nach Reinem und schließlich Übersinnlichem. Blau ist die typisch himmlische Farbe. Sehr tiefgehend entwickelt das Blau das Element der Ruhe". Obwohl er Blau nicht direkt nennt, drückt Goethe in seinem bekannten Gedicht „Wandrers Nachtlied" sehr schön das Gefühl des „Blaus" aus:

> Über allen Gipfeln
> ist Ruh,
> In allen Wipfeln
> spürest du
> kaum einen Hauch;
> Die Vögelein schweigen im Walde.
> Warte nur, balde
> ruhest du auch.

Aber auch die Negativbezeichnungen von der symbolischen Bedeutung der Farbe Blau kennen wir: „das Blaue vom Himmel herunter lügen" oder auch „sein blaues Wunder erleben". Das sind dann die nicht so schönen Dinge.

Blau selbst kann auch dunkel, dämonisch und unheimlich wirken. Es kann kalt, kühl, distanziert sein. Und es kann heilend wirken. Sogar in der Schulmedizin wird blaues Licht in der Therapie eingesetzt, und zwar bei der Behandlung von gelbsüchtigen Säuglingen. Nach der Bestrahlung mit dunkelblauem Licht verschwindet die Gelbsucht in wenigen Tagen. Über die Haut dringt das blaue Licht in den kindlichen Organismus ein und zerlegt das Blutgift dort in ungefährliche Bestandteile.

Für Andrée Schlemmer, eine Schülerin des Malers und Farbentheoretikers Johannes Itten, sind die Wirkungen von Farben eine echte „Lebenshilfe". Blau hat für sie die „Kraft, ruhig zu bleiben", „Blau bietet Schutz", „Blau beruhigt und stärkt", „Blau befreit" und „ist eine Hilfe während der Zeit einer langen Krankheit".

Für den Schweizer Farbpsychologen Max Lüscher drückt Blau Selbstbescheidung, Befriedigung und Zufriedenheit aus. Man fühlt sich in einem „spannungslos-harmonischen Zustand. Fühlt sich eingefügt, verbunden und geborgen" (Max Lüscher, „Der 4-Farben-Mensch", S. 195).

Karl Ryberg schreibt in seinem Buch über Farbtherapie: „Das Augenblinzeln tritt bei blauem Licht nicht so häufig auf, und auch das Sehzentrum im Gehirn bleibt passiv. Statt dessen wird der Parasympathikus aktiviert, und die Nebenrindenniere scheidet Kortison aus. Blutdruck, Puls und Adrenalinproduktion verringern sich, was beruhigend wirkt. Blaues Licht verlangsamt die Muskelreaktion. Durch die Entspannung von Muskeln und Nerven verbessern sich die feinmotorischen Fähigkeiten. Blaues Licht unterstützt die Sauerstoffaufnahme der Körpergewebe und reduziert gleichzeitig die Hormonausschüttung, was die beruhigenden und manchmal sogar einschläfernden Wirkungen der Farbe Blau erklärt" (S. 56).

Bäuerinnen haben früher bei schmerzhaften Erkrankungen die entzündete Stelle mit blauen Tüchern umhüllt. Blau wurde als Heilmittel bei Fieberzuständen und Blutungen angewandt. Seine Wirkung wurde als kühlend, beruhigend und zusammenziehend beschrieben. Blau ist auch die Farbe der Kälte, der Schnee kann bläulich aussehen. Blau austapezierte oder gestrichene Räume werden subjektiv als kühler empfunden.

Goethe meinte gar, „blaues Glas zeigt die Dinge in einem traurigen Licht". Trotzdem ist Blau die Lieblingsfarbe der meisten Menschen. Blau kann kalt und nüchtern sein. Aber ebenso kann Blau in einer anderen Nuance wohltuend beruhigend, ausgleichend, harmonisch, friedlich und spirituell wirken.

Der Anthroposoph Rudolf Steiner hat Goethes Erkenntnisse dahingehend ergänzt, dass er Blau nicht nur dunklen, fernen, schattenhaften Gefühle zuordnet. Im Gegenteil, er spricht davon, dass wir von einer farbigen Aura umgeben sind, die unserem Wesen entspricht und auch davon, dass Farben unsere Stimmung und unser Wohlbefinden beeinflussen. In seinen Vorträgen: „Über das Wesen der Farben" spricht er davon, dass „Blau dasjenige ist, was dem Menschen innerliches Wohlbehagen bereitet, wo er sagt, (...) da kann ich leicht leben in dem Blau ..." (Rudolf Steiner, „Über das Wesen der Farben", S. 154).

Der Ansatz Goethes und Steiners war mehr phänomenologisch. In unserem Jahrhundert sind die ersten farbpsychologischen Studien gemacht worden. Am bekanntesten ist wohl der „Lüscher-Test". Hier sind Farben ein psychologisches Diagnosemittel der Persönlichkeitsstruktur des Menschen. Lüscher verwendet in seinem Farbtest ein relativ dunkles Blau. Er verbindet mit dieser Farbe eine religiös-philosophisch-meditative Haltung. Er bezeichnet Menschen, die dieses Dunkelblau ablehnen als Menschen, die unbewusst vor tiefer Ruhe und Entspannung flüchten.

E. Heimendahl schreibt in „Licht und Farbe", Blau sei eine Farbe, „die nach dem Grund ruft und doch grundlos ist, vielleicht weil wir im Blau die tiefe seelische Hinwendung zu einer Welt spüren, die nicht irdisch ist, Himmel in seinem unendlichen ernsten Klang" (S. 22).

Blau ist eine spirituelle Farbe: „Es steht für das Unbewusste und für seelische Tiefe. Im Gegensatz zu Orange unterstützt es Introvertiertheit und Reserviertheit. Wenn man die innere Tiefe, die geistige Entwicklung sucht oder sich mehr der immateriellen Seite des Lebens zuwenden will, hilft tiefes Blau ... Blau symbolisiert Treue und fördert charakterliche Rechtschaffenheit und seelische Reinheit. Wenn man sich unausgeglichen fühlt, wenn man die Balance, die eigene Mitte verloren hat, sollte man sich mit viel Blau umgeben, um sich so auf die innere Stimme konzentrieren zu können. Zuviel Blau führt zur Verlangsamung der Gedanken, zu einem gewissen Realitätsverlust und unter Umständen auch zu Alpträumen" (Ingrid Kraaz von Rohr, „Formen, Farben und Symbole bewusst erfahren und nutzen", S. 65).

Für Heinrich Frieling, der sich ein Leben lang mit der Wirkung von Farben auseinander gesetzt hat, ist Blau eine Farbe, die zu den Inspirationsmysterien gehört. „Das Fernenblau lockt zum Träumen, es lässt uns ausspannen (blau machen), macht uns haltlos (wenn wir blau sind) ..." (Heinrich Frieling, „Mensch und Farbe", S. 148). Andererseits bringen uns die sogenannten „blauen Briefe" manchmal wieder knallhart in die Realität zurück.

Schließlich noch ein Wort zur blauen Farbe in der menschlichen Aura. Die menschliche Aura ist eine Art „Schwingungsfeld", manche Menschen spüren sie durch Wärme oder prickelnde „elektrische" Energie, manche Menschen sehen sie als farbiges Licht. Blau in der Aura heißt nach Ingrid Kraaz („Die Farben deiner Seele", S. 56):

- Fähigkeit, durch eigene geistige Kräfte zu heilen,
- dass man auf andere wohltuend und beruhigend wirkt,
- hohe Lebensideale,
- Ehrlichkeit,
- Gabe magischer Kräfte.

Die Farbe Blau ist eigentlich ein unerschöpfliches Thema. 1990 war dazu im Heidelberger Kunstverein eine wunderbare Ausstellung zu sehen. Dazu gibt es einen phantastischen Katalog mit dem schönen und schlichten Titel „Blau". R. M. Rilke schrieb 1907 in einem Brief an seine Frau Clara: „Es ließe sich denken, dass jemand eine Monographie des Blaus schriebe."

ROT

In allen Sprachen der Welt ist Rot der älteste Farbname. Es war die „Urfarbe". In manchen Ländern gibt es einen Begriff für das Wort „farbig", der gleichzeitig für die Farbbezeichnung „rot" steht, so etwa das spanische Wort „colorado". Bei den Eskimos ist die wörtliche Übersetzung von rot „wie Blut". Indem die Urmenschen die Wände der Höhlen mit Blut bemalten, wurde Blut zugleich die Bezeichnung dieses Farbtons. Das alte Sanskritwort „ruh-ira" hängt mit unserer Farbbezeichnung Rot zusammen. Aus dieser Wurzel kommt das deutsche *rot,* das englische *red,* das dänische *rod* und das französische *rouge.*

Rot ist eine elementare Farbe. Die symbolische Bedeutung der Farbe Rot hängt mit Urerfahrungen des Menschen, mit dem roten Blut und dem roten Feuer zusammen. In früheren Zeiten ängstigte die Menschen ein intensives Abendrot. Sie sagten: „Der Himmel brennt." Man befürchtete dann, dass es bald Krieg geben würde.

In den Ritualen früherer Religionen und Kulturen gab es immer wieder Blutopfer. Tiere, aber auch Menschen wurden geopfert, um die Götter zu besänftigen. Für uns heute eine grausame Vorstellung, in früheren Zeiten aber durchaus üblich. Das rote Blut hatte etwas Magisches. Um die animalischen Kräfte eines besonders schönen und starken Tieres auf Menschen zu übertragen, wurden in früheren Urzeiten Säuglinge in frischem Tierblut gebadet oder Hochzeitspaare damit übergossen. Der österreichische Aktionskünstler Hermann Nitsch hat diese uralten Rituale in seinen modernen magischen Aktionen und Inszenierungen benutzt.

Dem Blut wurde auch heilende und stärkende Wirkung zugeschrieben. Es ist der Sitz der Lebenskräfte. Trank man das Blut, ging die Kraft des Geopferten oder des sterbenden Gegners im Krieg auf einen selbst über.

Beim spanischen Stierkampf reizt der Torero den Stier mit einem roten Tuch. Das Tuch könnte jedoch genauso gut eine andere Farbe haben: Stiere sind farbenblind! Das rote Tuch ist mehr für die Aufregung der Zuschauer in der Stierkampfarena gedacht.

Bei alten Heilungsritualen wurden oft ein Verband aus einem roten Tuch aufgelegt, oder man behandelte rote Ausschläge mit roten Rosenblättern. Die Volksmagie kennt eine ganze Reihe von „roten Behandlungen". Kleinen Kindern setzte man eine rote Haube auf. Auch Rotkäppchen hatte ein rotes Käppchen auf, das es letztendlich ja doch vor dem bösen Wolf schützte. Noch im 19. Jahrhundert wurde an das Steckkissen ein rotes Band gebunden, und Babykleider wurden mit roten Bändern verziert. Diese roten Mützen und Bänder sollten vor dem bösen Blick schützen, dem gleichen Zweck diente eine um den Hals getragene rote Korallenkette. In verschiedenen Kulturen und Völkern kennt man den alten Brauch, dass man Kinder rote Bänder an die Kleidung oder um das (meist linke) Handgelenk bindet.

Rot war und ist überkulturell die Farbe der Kinder. In China werden die Kinder rot gekleidet. Rot ist in China die Glücksfarbe. Auch in Ägypten, Griechenland und Indien gilt Rot als Glücksfarbe. An unsere eigene Kindheit erinnert uns der rote Ball, die roten Zipfelmützen der Zwerge, der rote Fliegenpilz im Bilderbuch, die roten Haare der Hexe, der rote Mantel des Nikolaus, rote Kerzen auf dem Kranz und leuchtend rote Ostereier. Rot ist die Farbe, die kleine Kinder zuerst wahrnehmen können. Und den Babys bereitete es sicherlich Freude mit den roten Bändern zu spielen.

Rot ist eine aufregende, anregende Farbe. Wenn wir uns an unsere Schulzeit erinnern, haben wir Rot allerdings oft auch gehasst.

Die Schulhefte wurden vom Lehrer mit einem roten Stift korrigiert. Auch wenn wir in der Buchhaltung „rote Zahlen" schreiben oder vor Scham einen „roten Kopf" bekommen, ist uns das unangenehm. Es ist eine auffällige Farbe, die sich nicht verstecken lässt. Bei einer Umfrage kam heraus, dass nur 2 % der Männer und 3 % der Frauen Rot nicht mögen. Rot ist nach Blau die zweithäufigste Lieblingsfarbe der Erwachsenen, jedoch mit deutlichem Abstand die Lieblingsfarbe der Kinder.

Im Buddhismus ist Rot die symbolische Farbe des Egos. Die Aufgabe des Menschen ist es, dieses Ego von Gier und Trieben zu befreien, dann wird das geläuterte Rot die Farbe der unendlichen Freude, man trägt dann das rote Licht des Lotus im Herzen. Im taoistischen Buddhismus Chinas gibt es Farbwahrnehmungsübungen, bei denen rote Farbflecken, die man mit geschlossenen Augen sieht, nervöse Bilder sind. Die Auflösung dieser roten Flecken bringt dann tiefe Ruhe und Entspannung. Auch die Buddhisten kennen eine Farbmeditation, bei der sie sich einen roten Buddha über ihrem Kopf vorstellen.

In unserer westlichen Welt wird die Farbe Rot problematischer und zwiespältiger empfunden. Rothaarige Menschen wurden oft geächtet oder gar als Hexen gebrandmarkt, rothaarige Kinder verspottet. Die Hölle ist rot, und im Diesseits gibt es die „Rotlichtviertel". Für die Farbe Rot empfinden die meisten Menschen eine Art Hassliebe. Der

Volksmund sagt ja auch: „Rot ist die Liebe, rot ist das Blut, rot ist der Teufel in seiner Wut".

Doch Rot war nicht immer nur die „Dirnenfarbe". Rot war auch die Farbe höchster Würdenträger. Rot war von der sozialen Ordnung der Kleider her gesehen eine Farbe des höchsten Prestiges. Früher gab es eben bestimmte Kleiderfarben, die auch mit den sozialen Rangordnungen in Verbindung gebracht wurden. Purpurfarbene Kleidung war für die „göttlichen", die ranghöchsten Menschen vorbehalten. „Normalsterbliche" hätten sich diese Farbe, weil sie so teuer war, gar nicht leisten können.

Eva Heller schreibt in ihrem Buch „Wie Farben wirken", die Geschichte der rotgefärbten Stoffe sei ein „Kapitel des Luxus". Bis vor 200 Jahren gab es eindeutige Kleidervorschriften. An der Art des Stoffs und an den Farben erkannte man die adeligen Stände, Klerus, Bürger, Bauern, Knechte, Dienstboten und Bettler. Dabei wurde noch unterschieden zwischen hohem und niederem Adel, hohem und niederem Klerus usw. Der Ausdruck „betucht sein" stammt sicherlich noch aus dieser Zeit, betucht waren nur die reichen Leute. Und diese trugen auch Kleider in den reinen Farben, denn nur die reinen Farben wurden als schön empfunden. Dies hing auch mit ihrem Preis zusammen. Sie waren teuer, weil aufwendig und langwierig in der Herstellung. Rot war die allerteuerste Farbe und wurde deshalb als sehr schöne Farbe empfunden.

Rote Kleidung war ein Privileg des Adels und der Reichen. Die Bauern durften nur an Festtagen rote Hosen und Jacken tragen. Dies waren jedoch sicherlich keine roten Seidenanzüge. Niemand durfte sich im Mittelalter prächtiger kleiden als es seinem gesellschaftlichen Stand entsprach. Wer gegen diese Regel verstieß, konnte sogar hingerichtet werden.

Rot war im Mittelalter eine Farbe, die Macht und Stärke verlieh. Nur der hohe Adel hatte diese Macht und Stärke. Adelige durften rote Mäntel tragen. Und wer wegen seines gesellschaftlichen Standes Rot tragen durfte, heiratete auch in Rot. Es gab sogar „Verordnungen", die nach dem gesellschaftlichen Status die Farbe der „Brautkiste", das war die Truhe mit der Aussteuer, vorschrieb. Die Farbe mit der höchsten Wertigkeit war Rot, dann grün und rot, hell- und dunkelgrün und als letzte von „geringer Farbe".

Rot ist auch die Farbe des Krieges. Die Tarnfarben der Soldaten gibt es erst seit dem 20. Jahrhundert. Bis zum Ende des 19. Jahrhunderts gab es die „Rotröcke" bei den Soldaten. Rot ist eine Farbe die Kraft geben soll. Es ist die Farbe des Kriegsgottes Mars. Der Planet Mars wird auch als „roter Planet" bezeichnet.

Früher und (manchmal auch noch heute) wurden Verbrechen mit Blut gesühnt. In früheren Zeiten unterschrieben die Richter die Todesurteile mit roter Tinte und der Henker trug rote Kleidung. Noch heute gibt es die roten Talare der höchsten Richter.

In der katholischen Kirche ist Rot als Liturgiefarbe für Hochfeste und an Festtagen für Märtyrer vorgeschrieben. Die rote Farbe erinnert an das heilige Blut Christi und den Blutzoll der Märtyrer.

Rot ist auch die Farbe des Kommunismus. In Russland gehört das Wort „Rot" zur gleichen Wortfamilie wie „schön, gut, herrlich, kostbar". Weltbekannt ist der „Rote Platz" in Moskau. Man spricht (oder sprach) in nichtkommunistischen Ländern von der „roten Gefahr" und „die Roten" sind bei uns die Sozialdemokraten und Linken. Auch auf Fahnen und Flaggen findet man wegen seiner Signalwirkung und Leuchtkraft viel Rot.

Lichtbeständige rote Färbemittel bekam man früher durch Verwendung von Krapp (auch Färberröte genannt). Krapp wurde sehr lange gelagert und zu einem ganz feinen Pulver zermahlen, welches dann wiederum lange gelagert werden musste. Wie bei kostbaren alten Weinen wurde durch die lange Lagerung die Farbe immer besser.

Eine weiteres bekanntes Färbemittel war der Kermes. Kermes- oder Karmesinrot war eine echte Luxusfarbe und der Inbegriff alles Schönen. Im Gegensatz zum pflanzlichen Krapprot war Kermesrot ein tierisches Färbemittel. Es waren Läuse, die den Farbstoff abgaben. Allerdings brauchte man zum Färben unglaublich viele von diesen Tierchen, die bevorzugt auf der immergrünen Kermeseiche in den Mittelmeerländern leben. Man brauchte dazu die weiblichen Läuse, welche sich auf den Blättern festsaugten und Eier ablegten, die mit rotem Saft gefüllt waren. Die Läuse wurden abgesammelt. Man brauchte sage und schreibe 140.000 Läuse, um 1 kg rote Farbe herstellen zu können. Damit konnte man wiederum 10 kg Wolle einfärben. Eine mühsame Geschichte und entsprechend teuer!

Sogar Heilkräfte sagte man diesen Läusen nach. Sie wurden zu Sirup verarbeitet. Die Einnahme dieses Saftes sollte bei allen möglichen Leiden Linderung bringen.

Die schönste und edelste Farbe war im Altertum jedoch der Purpur. Purpurrot war die Symbolfarbe des Reichtums und des Edlen. Auch Purpur war ein tierisches Färbemittel. Man brauchte dazu die Purpurschnecken, die im gesamten Mittelmeerraum inzwischen fast ausgestorben sind. Man brauchte sie zum Färben in enormen Mengen, ungefähr sechsmal so viel Schnecken, wie man Stoff zum Einfärben benutzte. Auf 1 kg Stoff kamen also 6 kg Purpurschnecken. Damit erhielt man eine äußerst lichtbeständige Farbe, die nicht nur als sehr schön empfunden wurde, sondern auch als heilige, göttliche und königliche Farbe ihre symbolische Bedeutung hatte. Nur Cäsar durfte im alten Rom von Kopf bis Fuß purpurrote Kleidung tragen. Die katholischen Bischöfe tragen heute noch ein Rotviolett, das dem alten Purpur nahe kommt.

Dies alles waren insgesamt sehr komplizierte und aufwendige Heil- und Färberezepturen, die man schon in der Antike kannte. Im 16. Jahrhundert brachten Seefahrer aus dem neu entdeckten Amerika neue Färbemittel mit:

die rote Cochenillelaus. Diese Färbetechnik war schon bei den Mayas bekannt. Es war ein neues und „besseres" Rot. Das Färben mit Kermesläusen ergab ein Scharlachrot, mit Cochenilleläusen erhielt man ein blaustichiges Karminrot.

Zu den Grundbestandteilen Krapp, Kermes oder Cochenille brauchte man weitere sehr teure Ingredenzien. Außerdem war die Rotfärberei äußerst arbeitsintensiv. Sie dauerte tagelang und brauchte siebzehn Färbegänge. 1871 gelang es den Chemikern, das begehrte Krapprot chemisch und damit sehr billig herzustellen. Rote Kleidung konnte sich allmählich jedermann leisten. Auch die „Läusefarben" wurden bald synthetisch hergestellt. Lediglich für die Herstellung von Lippenstiften und als Lebensmittelfarben braucht man noch Cochenilleläuse. Im beliebten italienischen Getränk Campari ist auch heute noch keine synthetische Anilinfarbe enthalten, hier wird immer noch das „Läuserot" zur Herstellung verwendet.

In der Welt der Mineralien finden wir ebenfalls rote Steine, denen magische Kräfte nachgesagt wurden. In den Geschichten des Mittelalters finden wir eine Reihe von sagenumwobenen Erzählungen, in denen der „Karfunkelstein" eine magische Rolle spielt. Dabei wurde jeder leuchtend rote Stein Karfunkel genannt. Dazu zählen die rote Koralle und vor allem Rubin und Granat. Aus dem dunklen Tief der Erde kommend, war der Karfunkel ein alchimistisches Symbol der Vereinigung des männlichen Geistes mit den weiblichen Kräften. Er sollte Energie und Lebensfreude schenken. Die kostbaren roten Steine wurden auch zu Heilmitteln verarbeitet. Sie wurden zu feinem Pulver zermahlen und in Rotwein aufgelöst getrunken. Das rote Getränk sollte den Körper wärmen und beleben. Dieses teure „Medikament" einzunehmen war natürlich ein Privileg der reichen Oberschicht. Jedoch kam man von dieser „Behandlung" wieder ab, weil viele Adelige die „Stein-Kur" nicht überlebten. Man glaubte wohl, dass die rot funkelnden Steine Gesundheit und Lebenskraft, nämlich rote Wangen, rote Lippen und eine rosige Gesichtsfarbe schenken würden.

Die schön funkelnden roten Steine haben jedoch nichts von ihrem Zauber verloren. Hermann Hesse schrieb die märchenhafte Erzählung „Piktors Verwandlungen". In diesem Liebesmärchen begegnet Piktor einem wundersamen, in allen Farben schillernden Vogel. Dieser Vogel hat die Fähigkeit sich zu verwandeln, unter anderem auch in einen Kristall, aus dessen Kanten rotes Licht strahlt. Mit Hilfe dieses roten Kristalls erlangt Piktor magische Fähigkeiten und wünscht sich daraufhin ein Baum zu sein. In seinem Wunsch ist Piktor dann jedoch letztendlich gefangen. Erst ein blau gekleidetes junges Mädchen kann ihn erlösen. Es findet den Zauberstein – einen roten Karfunkelstein, den ein grünroter Vogel fallen lässt. In der Erzählung heißt es, dass es dort, wo der Karfunkelstein ist, nie dunkel sein kann.

In anderen märchenhaften Mythen findet sich der rote Stein unter dem Horn des Einhorns. Der Besitz dieses zauberhaften Steins verlieh magische Fähigkeiten. Man musste ihn jedoch von einer Jungfrau geschenkt bekommen. Dann verfügte man über die Fähigkeit selbst unsterblich zu sein und auch Tote wieder zum Leben erwecken zu können.

Rote Steine galten als vergeistigte Form der Erde. Rote Erde wurde und wird ja auch als Malerpigment verwendet. Sehr bekannt ist die rote Erde von Siena. Dieses Sienarot ist jedoch ein eher erdiges Braunrot. Auch Rötel, die wohl älteste Erdfarbe, wurde zum Malen verwendet. Und das schon in der Steinzeit. Mit diesem Gemenge aus Lehm und Eisenocker wurden Höhlen ausgemalt und gebleichte Knochen verziert. Rötel ist ein gelbliches Braunrot. Besonders in der Renaissance entstanden wunderschöne Rötelzeichnungen als Skizzen und Entwurfszeichnungen für Malereien. Auch heute bekommt man im Fachhandel noch Rötelkreiden zu kaufen.

Für Malerfarben wurden die kostbaren leuchtend roten Steine fein zerrieben und mit Leinöl verrührt. Diese roten Edelsteinpigmente ergaben die rote Farbe, mit denen die Kleider der Kirchenheiligen und weltlichen Herrscher auf den Ölbildern des Mittelalters gemalt wurden.

Rot wirkt als Malfarbe nah und materiell, im Gegensatz zum fernen, geradezu immateriellen Blau. Das rote Feuer vertreibt die Kälte. Es gibt Wärme und Leben, kann aber auch zerstören und vernichten. Japanische Kinder malen in ihren Zeichnungen die Sonne rot.

Kandinsky schrieb über Rot in seinem Buch „Über das Geistige in der Kunst", das Rot wirke „innerlich als eine sehr lebendige, lebhafte, unruhige Farbe, die aber nicht den leichtsinnigen Charakter des sich nach allen Seiten verbrauchenden Gelb besitzt", (S. 99). Franz Marc, ein Maler der Künstlergruppe „Der blaue Reiter" hat in seinem bekannten Bild „Die drei roten Pferde" die Pferde in einem rötlichen Ton gemalt, um ihr ungezügeltes Temperament auszudrücken.

Rot ist eine ambivalente Farbe. Es ist die unmoralische Farbe der ungezügelten Sexualität, des moralisch Verbotenen, des wärmenden, Leben spendenden Feuers, das zugleich aber auch vernichten kann. Es war die Farbe der Blutopfer, die Farbe der Adeligen, der Heiligen und der Kommunisten. Rot ist als Signalfarbe ein deutlicher Appell an unsere Aufmerksamkeit, als rote Ampelfarbe stoppt sie uns und wenn „ein Mann rot sieht" (so der Titel eines Filmes) heißt das, dass er durchdreht.

In der Werbung wird die auffallende Farbe Rot häufig verwendet. Etwas soll auffallen, sich von dem anderen abheben. Allerdings scheint der Journalismus erst dann seriös zu sein, wenn man „etwas schwarz auf weiß" liest. Die roten, fett gedruckten Überschriften sind mehr ein Mittel der Boulevardpresse.

Als Signalfarbe im Tierreich hat Rot dagegen nur eine untergeordnete Rolle. Die meisten Tiere können gar keine Farben sehen. Bienen, Insekten und Schmetterlinge fliegen die farbigen Blüten nur an, weil sie ultraviolette Muster haben. Sie sehen Rot nicht, aber Ultraviolett. Nur Vögel können Rot sehen. Die sogenannten „Vogelbeeren" bei uns sind rot und ebenso viele tropische Blumen, die vom Kolibri bestäubt werden.

Es gibt nur wenige rote Tiere. Der bekannte rote Marienkäfer ist sogar zu einem Glückssymbol geworden. Eigentlich dient sein auffälliges Rot jedoch als Warnfarbe: Vorsicht, ungenießbar! Dies gilt auch für den roten Fliegenpilz.

Das Symbol der Liebe ist das rote Herz. In afrikanischen „Liebesbriefen", die in der Art von aufgefädelten Perlen „geschrieben" sind, bedeuten die roten Perlen „ich liebe dich leidenschaftlich".

Rot ist eine „hitzige" Farbe. Ein rot gestalteten Raum wirkt deutlich wärmer. All zu viel Rot in der Umgebung wird eher als laut empfunden. Rote Seidentapeten können aber einen Raum festlich aussehen lassen.

Max Lüscher schreibt von der Wirkung der Farbe Rot auf das vegetative Nervensystem Folgendes: „Auf alle wirkt Rot in einer bestimmten Weise ... Wenn du die Farbe einige Zeit betrachtest, werden deine Atmung und dein Puls schneller, der Blutdruck steigt an" (Max Lüscher, „Der 4-Farben-Mensch", S. 190). Wenn man Fieber hat, bekommt man einen „roten Kopf", und eine „rote Nase" vom vielen Alkohol. Man „errötet" jedoch auch, wenn man sich schämt. Nach Lüscher ist Rot jedoch vor allem eine Farbe des Selbstvertrauens und der Stärke.

Als Rosa ist die Wirkung nicht mehr leidenschaftlich und feurig. Es kann im negativen die Farbe des Kitschromans sein, aber auch der Duft von Rosen. Wenn man schwärmt, „sicht man alles durch die rosarote Brille". Es ist die Farbe von Bonbons, Sahnetorten, Eis, Babys und alten Damen. Es ist die Farbe des Zarten, Süßen, die Farbe der Mädchen, die Farbe der Unschuld und Harmonie, der Schwärmerei und der Romantik.

Rosa ist die Farbe, zu der Frauen und Männer die unterschiedlichste Affinität haben. 8 % der Frauen nennen Rosa als ihre Lieblingsfarbe, aber nur 2 % der Männer mögen Rosa. Rosa Herrenhemden waren bis vor wenigen Jahren „unmöglich" und schwer verkäuflich.

Rosa gilt mehr als jede andere Farbe als typisch weiblich. Rosa selbst ist eine Mischung aus der wärmsten Farbe (Rot) und der kältesten Farbe (Weiß). Es ist eine Farbe, die typisch weibliche Tugenden wie Kompromiss, Anpassung und Sanftheit symbolisiert. Bei Farbmeditationen mit Rosa entwickeln sich Gefühle wie Mitgefühl, Sanftmut und überpersönliche Liebe.

Als Heilfarbe ist Rot die Farbe der Energieaufladung. Allerdings rät Rudolf Steiner besonders unruhige Kinder in Rot zu kleiden. Die rote „Außenfarbe" erzeuge im Inneren der Kinder die Komplementärfarbe Grün, und Grün wirke beruhigend.

Als Aurafarbe ist zuviel Rot ein Zeichen für Wut, extreme Triebkräfte, aber auch aufgestaute und blockierte Energien.

In der medizinischen Praxis wird beispielsweise zur besseren Wundheilung mit „Rotlicht" behandelt. In unserer Nahrung haben viele Pflanzen und Früchte rote Farbe, z. B. Kirschen, Himbeeren, Erdbeeren, rote Johannisbeeren, rote Äpfel, Wassermelonen, rote Trauben, rote Paprika, Rote Beete, Radieschen, Rhabarber, Tomaten, Rotkohl ... Viele gesunde Kindersäfte sind rot (eisenhaltig). Manche Therapeuten raten möglichst viel rote Früchten und Pflanzen zu essen.

Farbtherapeutische Methoden beziehen sich nicht nur auf das „Farbenessen", sondern auch auf die Farbe des Lebensraumes, der Wohnung, der Kleidung. Farbiges Wasser wird verabreicht, farbiges Licht und farbige Steine übertragen ihre spezielle Wirkung auf den menschlichen Organismus. Farben spielen nicht nur in der Natur und in der Kunst eine große Rolle, sie haben auch mit Gesundheit und Krankheit zu tun.

Rot ist sicherlich eine sehr dominante Farbe. Aber sie bringt Leben in unseren grauen Alltag!

GELB

Gelb ist für die meisten Menschen eine positive Farbe. Es ist die hellste, lichteste der bunten Farben. Gelb ist die Symbolfarbe für Licht, Sonne und Gold. Gelb wirkt anregend, strahlend, positiv und erhellend. Doch ist es auch die Symbolfarbe des Egoismus und war früher die Farbe der Geächteten.

Die Farbe gelb bewegt sich zwischen zwei Polen: Da ist zum einen das warme, sonnige Gelb, das ins Orange geht. Es ist die Farbe der Lebensfreude und der Wärme, der Extravertiertheit und des Vergnügens. Es ist das Lebensgelb. Das andere, das negative Gelb ist das verschmutzte, gebrochene, fahle und grünliche Gelb. Dies ist ein krankes Gelb, das Todesgelb.

Als warmes Sonnengelb ist Gelb die Farbe des Optimismus, der Kommunikation und der Offenheit in menschlichen Beziehungen. Gelb strahlt nicht nur in der Malerei aus. Diesen Gelb-Charakter des Leichten, Beweglichen, Heiteren und Unbekümmerten spüren wir aus Goethes Musensohn:

> Durch Feld und Wald zu schweifen,
> Mein Liedchen wegzupfeifen,
> So geht's von Ort zu Ort!
> Und nach dem Takte reget,
> Und nach dem Maß bewegt
> Sich alles an mir fort.

Als Dunkel- oder Goldgelb bekommt Gelb mehr den Charakter des Beständigen. Es verstrahlt sich nicht so stark wie das lichte, helle Gelb. Zum Orange hingehend ist es eine aktive, energieausstrahlende und energiebringende Farbe.

Als Zeichen der Treue kennen viele Kulturen den goldenen Ring. Aus der Schweiz kennt man den volkstümlichen Brauch, dass der materielle Teil der Hochzeitsvorbereitungen von der „gelben Frau" getroffen wurde. Und wenn der erste Schmetterling, den man an dem ersten warmen Tag sieht, ein gelber ist, heißt das, dass einem in dem Jahr noch ein

Kind geboren wird. In Märchen ist das kleine Kind oft der „Glück bringende Blond- oder Goldschopf".

Merkur, dem Götterboten, wird die Farbe Gelb zugeordnet. Profanisiert gesehen ist es das heutige Postgelb. Mercurius heißt in der alchemistischen Tradition das Quecksilber, das es auch in einer leuchtend gelben Quecksilberverbindung gibt. Das Wesenhafte des Quecksilbers (leichte Verbindung in Verschmelzung mit anderen Metallen, sehr beweglich) ist gleichzusetzen mit dem Wesenhaften der Farbe Gelb. Gelb ist eine Farbe, die ausstrahlt, sich ausdehnt, größer wirkt, aber sich auch leicht mit anderen Farben vermischt.

Auch die Sonne am Himmel ist gelb. Wenn die Sonne hinter den Wolken hervorkommt, erwärmt sie alles auf der Erde. Und die Sonne lässt mit ihrer warmen Ausstrahlung im zeitigen Frühjahr die schlafende, im Winter kalt erstarrte Natur wieder erwachen. Viele der ersten Frühlingsblumen blühen gelb: Winterginster, Narzissen, Krokusse, Tulpen, Schlüsselblumen, Primeln.

Gelb ist aber auch die Farbe der Reife in der Natur. Im Herbst verfärbt sich das Laub „golden", d. h. gelb. Die reifen Kornähren sind gelb, man spricht vom goldenen Oktober, vom goldenen Herbst mit seinen goldenen Früchten. Dionysos, der Gott des Weines und der Fruchtbarkeit, trug ein safrangelbes Kleid. In manchen Sagen und Märchen heißt es, da wo die gelben Frühlingsblumen blühen, befinde sich Gold in der Erde. In vielen Erzählungen spielt das goldene, blonde Haar eine besondere Bedeutung. Die Farbe Gelb wird zu Gold. Und Gold ist kostbar und wertvoll. Im Märchen verwandeln sich die gelben Erbsen auch in goldene Erbsen. und das Aufblühen gelber Blumen, z. B. der gelben Blüten des Johanniskrauts, ist Wegweiser zu den verborgenen Schätzen der Erde. Mit der gelben Schlüsselblume kann man im Märchen sogar verwunschene Schlösser aufsperren.

In der Astrologie ist Gelb die Symbolfarbe des Sternzeichens Löwe. Der Planetenherrscher des Zeichens Löwe ist die Sonne. Das Sternzeichen Löwe, ein Feuerzeichen, ist alles andere als das „Mauerblümchen" in der Astrologie. Es ist ein Sternzeichen, das Energie, Extravertiertheit und Kommunikationsfähigkeit bedeutet. Die klassische Astrologie hat dem Löwen damit den Positivaspekt von Gelb zugeordnet

Mit gelben Pflanzen wurde auch eingefärbt. Mit Saflor, einer Distelpflanze, wurden schon im alten Ägypten Stoffe gefärbt. Neben Indigo war Saflor die wichtigste Färberpflanze und wurde ab dem Mittelalter auch in Europa angebaut. Das Gelb des Saflor war leider nicht lichtecht, deshalb wurden keine kostbaren Stoffe damit eingefärbt. Saflor wurde jedoch oft in der Kombination mit Indigo oder Waid zum Färben verwendet, man erhielt dann ein schönes Grün.

Vor allem in Deutschland wurde Reseda, auch Gilbkraut genannt, angebaut. Diese Pflanzenfarbe war schon in der Steinzeit bekannt. Das daraus gewonnene Gelb war ein eher fahles Gelb.

Das älteste intensive Gelbfärbemittel auf der Welt ist der Safran. Safran ist ein außerordentlich teures Gewürz, das bereits mit wenigen gelben Safranfäden die Speisen wunderbar gelb einfärbt. Safran wird nur milligrammweise in der Küche verwendet. In der indischen Küche spielt Safran als Gewürz- und Färbemittel eine große Rolle. Dort werden vor allem die Reisgerichte für Festessen mit Safran gelb gefärbt. Safran wird vorwiegend in Indien und China angebaut. Aber auch bei uns ist er als Würzmittel und Speisefarbe bekannt. „Safran macht den Kuchen gel" singen die Kinder. Auch als Heilpflanze wird Safran verwendet. Er hat eine durchwärmende, sogar Fieber erzeugende Wirkung.

Safran wird aus orangeroten Staubfäden einer bestimmten Krokussorte gewonnen. Um damit Stoffe färben zu können, brauchte man unglaubliche Mengen von Krokusblüten. Es war eine mühsame Ernte. Um ein Kilo Farbstoff zu erhalten, musste man 100.000 bis 200.000 Blüten ernten. Damit konnte man ungefähr 10 kg Wolle einfärben. Das schöne rötliche Gelb des Safran ist vor allem aus orientalischen Ländern bekannt. Bei uns war Safran als Färbemittel zwar sehr geschätzt, aber für die meisten Menschen zu teuer. Es war so kostbar, dass nie ganze Kleider mit Safran gefärbt wurden. Allerdings hielt das Safrangelb im Stoff nahezu für die Ewigkeit. Es ist eine ausgesprochen licht- und waschechte Farbe. In arabischen Ländern ist Safran ein häufig verwendetes Gewürz und Färbemittel. Die Pflanze selbst ist dort so bekannt, dass das

Wort „Zafaran" (Safran) gleichgesetzt wird mit „Farbe". Safran wird auch der „König der Pflanzen" genannt. Und nur dem König steht die Symbolfarbe Gold zu. In der Malerei wurde Safran auch zur Herstellung von Goldfirnis verwendet.

Die Worte „Gelb", „Gold" und „Glanz" sind sprachlich verwandt. Es sind Inbegriffe und Symbole des Reichtums, des Luxus. Gelb ist deshalb auch häufig die Farbe der Götter. Die Religion in Ägypten hatte als zentrales Symbol die Sonne. Amun-Re, der Gott der aufgehenden Sonne, hatte als Symbol die golden-gelbe Sonnenscheibe. Mit der Sonnenbarke durchfuhr er bei Nacht die Unterwelt. Der griechische Gott Helios fuhr auf dem Sonnenwagen und war selbst auch gelb gekleidet. Ein gleiches gilt für Apollo und Sol. Aber nicht nur die männlichen Götter trugen Gelb. Die germanische Göttin Freya wird im gelben Gewand dargestellt. Auch im klassischen Griechenland trugen die Göttinnen gelb gefärbte Kleider.

Die Farbe Gelb ist in Verbindung mit Weiß auch die Farbe des Vatikans. Die beiden Farben symbolisieren den goldenen und den silbernen Schlüssel Petri.

In der christlichen Kunst wird Christus, das Licht der Welt, mit einem gelb-goldenen Strahlenkranz oder Heiligenschein dargestellt. Gold ist die Farbe der Offenbarung, die Farbe des ewigen Lichts. In der byzantinischen Malerei erscheinen die Darstellungen Christi und der Heiligen immer vor mystischem, gold glänzendem Hintergrund.

In Asien ist Gelb die Farbe der Sonne und des Lichts und deshalb eine heilige Farbe. Der Kaiser von China trägt Gelb als Zeichen seines gott- und sonnengleichen Status. Gelb und Gold sind Symbolfarben der Macht und Würde. Gelb ist eine Farbe, die sich ausdehnt und damit die Eigenschaft hat, etwas größer erscheinen zu lassen. Bei dem französischen Sonnenkönig Ludwig XIV. war die Symbolfarbe Gelb ein Ausdruck der weltlichen Macht.

Gelb ist aber auch die spirituelle Farbe des Buddhismus. Buddhistische Mönche und Nonnen tragen mit Safran eingefärbte Kleider. Lamaistische Mönche nennen sich auch „Die Gelb-Mützen". Gelb ist eine Zeichen des Strebens nach Erleuchtung. Buddha, der Erleuchtete, wird vielfach in Gold dargestellt.

Johannes Itten ordnet dem lichtvollen Gelb symbolisch den Verstand, das Wissen zu. Der Volksmund sagt ja auch: „Jetzt geht mir ein Licht auf." Oder: ein kluger Mensch ist ein „heller Kopf". Im Islam bedeutet die goldgelbe Farbe Weisheit.

In der chinesischen Kultur steht die Farbe Gelb für männlich. Die Farbe Schwarz bildet den weiblichen Gegenpol zum Gelb. Wir empfinden umgekehrt. Schwarz ist für uns eine eher männliche Farbe und gelb eine weibliche Farbe. Aber nach der chinesischen Symbolik von Yin und Yang wird das Gelb aus dem Schwarz geboren. Gelb ist dabei Zeichen der gelben Erde und Schwarz das Zeichen des schwarzen Urgewässers. Gelb ist

in China der Lößstaub, der zu fruchtbarem Ackerboden wird. Das schwarze Yin als empfangendes, passives Prinzip ist die weibliche Kraft. Und das gelbe Yang als aktives, schöpferisches Prinzip ist die männliche Kraft.

Gelb war in China immer eine sehr bedeutende Farbe. Den „gottgleichen Kaiser", nannte man im „Reich der Mitte" auch den „Gelben Kaiser". Der gelbe Drache ist in China ein Glückszeichen. Glück bringendes Wasser wird in China die „gelbe Quelle" genannt. Gelb bedeutet in China immer Gutes. In westlichen Ländern verbinden wir Gelb mit Asien. Allerdings hat dies bei uns mitunter einen eher negativen Beigeschmack. Die Asiaten mit ihrer „gelben" Haut werden bei uns manchmal fälschlicherweise als „undurchsichtig" und „schlitzohrig" empfunden. Als „gelbe Gefahr" bezeichnete man die Bedrohung Europas durch Asien. In Deutschland und Frankreich wurden die Streikbrecher und Verräter von den Gewerkschaften „die Gelben" genannt.

In Asien wäre diese Bedeutung undenkbar. Gelb ist dort die Farbe der Weisheit, Harmonie, des Ruhms und der Glückseligkeit. Es ist die Farbe der Kultur, die Farbe des „Reichs der Mitte".

Aber auch bei uns ist Gelb als Sonnenfarbe eine heitere Farbe. In fast allen Zeichnungen von Kindern sendet die Sonne mit ihren gelben Strahlen Optimismus, Wärme und Fröhlichkeit. Es gibt wenig Kinderzeichnungen, auf denen die „helle, liebe Sonne" fehlt. Auf der Zeichnung eines fünfjährigen Mädchens war die Sonne schwarz gemalt. Der Himmel war verdunkelt. Das Mädchen sagte: „Da ist Krieg."

Reines Gelb ist die Farbe der Erleuchtung; mit dunklen Farben getrübt verändert sich dieses positive, strahlende Gelb jedoch sofort ins Negative. Der Maler und Kunsttheoretiker Johannes Itten sagt dazu: „Wie es nur eine Wahrheit gibt, so gibt es nur ein Gelb. Getrübte Wahrheit ist kranke Wahrheit, ist Unwahrheit. So ist der Ausdruck des getrübten Gelb Neid, Verrat, Falschheit, Zweifel, Misstrauen und Irresein" (Johannes Itten, S. 132).

Goethe erklärt in seiner Farblehre: „Gelb ist die nächste Farbe am Licht." Sonnenlicht ist an und für sich farblos, wird aber als gelb empfunden. Für uns ist das Licht umso wärmer, schöner und natürlicher, je gelber das elektrische Licht ist. Weißes oder bläuliches Licht wirkt kalt. Goethe schrieb: „Wenn nun diese Farbe, in ihrer Reinheit und hellem Zustande angenehm und erfreulich, in ihrer ganzen Kraft aber etwas Heiteres und Edles hat, so ist sie dagegen äußerst empfindlich und macht eine sehr unangenehme Wirkung, wenn sie beschmutzt oder einigermaßen ins Minus gezogen wird. So hat die Farbe des Schwefels, die ins Grüne fällt, etwas Unangenehmes. Wenn die gelbe Farbe unreinen und unedlen Oberflächen mitgeteilt wird, wie dem gemeinen Tuch, dem Filz und dergleichen, worauf sie nicht mit ganzer Energie erscheint, entsteht eine solche unangenehme Wirkung. Durch eine geringe und unmerkliche Bewegung wird der schöne

Eindruck des Feuers und Goldes in die Empfindung des Kotigen verwandelt, und die Farbe der Ehre und Wonne zur Farbe der Schande, des Abscheus und Missbehagen umgekehrt." Es ist der Doppelaspekt der Farbe Gelb, den Goethe hier beschreibt.

Dieser negative Aspekt der Farbe Gelb drückt sich auch in Redewendungen wie „gelb vor Neid werden" aus. Hierbei ist nicht das strahlende, erwärmende, energiebringende positive Sonnengelb gemeint, sondern das grelle, gebrochene, fahle oder auch giftige Gelb. Es ist das Eitergelb, das Harngelb, das Giftgelb, das grünliche Gelb der Galle. Gelb kann eine „ärgerliche" Farbe sein. Der Ärger selbst wird mit der Farbe Gelb assoziiert, der Neid und auch der Geiz. Schon in der mittelalterlichen Heilkunst war man der Ansicht, dass Menschen, die sich viel ärgern, gallenkrank werden. Das Organ „Galle" wurde immer mit „Gelb" in Verbindung gebracht. Beide Worte entstammen auch der gleichen Wortfamilie. Im italienischen Wort „giallo" für Gelb kommt das noch deutlich zum Ausdruck. Wenn die Galle (oft aufgrund von Ärger) nicht mehr richtig arbeitet, gehen die Gallensäfte direkt ins Blut und die Haut des Kranken bekommt einen gelblichen Ton. In der antiken Temperamentenlehre wurde dem cholerischen Temperament deshalb die gelbe Galle zugeordnet.

Lebererkrankungen erkennt man an der Hautfärbung und sogar das Weiß der Augen wird gelblich. Daher auch der Name

„Gelbsucht".Vergiftungen der Leber können das Farbensehen grundsätzlich beeinflussen. Bei einer Digitalisvergiftung kommt das sogenannte „Gelbsehen" vor.

In der volkskundlichen Medizin wurden insbesondere gelbe Blumen gegen diese Galle- und Lebererkrankungen zu Heilzwecken verarbeitet oder wirkten durch Auflegen oder als Tees. Löwenzahn, Johanniskraut, Schlüssel- und Ringelblumen sollen diese Heilkräfte haben. Ein Aberglaube besagt, wer die gelbe Sumpfdotterblume im Schuh trägt, sei vor Gelbsucht geschützt.

In anderen Kulturen ist ebenfalls das Heilen mit farbigen Substanzen bekannt. So heilt man in Indien Hepatitis mit gelbem Pulver, dem Gewürz Kurkuma. Auch die Indianer rieben Schwerkranke mit gelben Pigmenten ein, um sie zu heilen.

In der Farbtherapie wird solchen Krankheiten etwa durch Auflegen von gelben Steinen (Bernstein, Tigerauge, Goldtopas) begegnet. So soll die Funktion der Leber gestärkt und die Durchblutung der kranken Organe gefördert werden. Schon im Mittelalter glaubte man, die gelben Steine könnten die „schlechten Körpersäfte aufsaugen". Durch Tragen von gelben Schmucksteinen (vor allem Bernstein) soll dem Kranken außerdem mehr Energie zugeführt werden.

Schwefel (ein gelber, etwas übelriechender Stein) spielt in der homöopathischen Heilkunst eine große Rolle. Die Symbolik von Schwefelgelb wird in der Alchemie mit dem Teufel in Verbindung gebracht. In alten Märchen und Sagen „stinkt der Teufel nach Schwefel". In der Alchemie ist der gelbe Schwefel ein Transformator im alchimistischen Wandlungsprozess. So wurden z. B. die Augen des einzuweihenden Anwärters mit gelbem Augenwasser ausgewaschen. Die „Gelbung" (Citrinitas) wurde als Reifestadium im alchimistischen Prozess betrachtet. Die rohe Materie soll über die Schwärzung zur Gelbung, zum Gold verwandelt werden. In dem Buch „Das Geheimnis der goldenen Blüte", einem alchimistischen Klassiker, schreibt C. G. Jung im Vorwort, dass sich aus dem Gelb das Geistige, das Bewusstsein bildet.

Gelb wird auch als „Warnfarbe" verwendet und macht auf Gefährliches aufmerksam. Mit Schwarz kombiniert ist Gelb das Zeichen für gefährliche Stoffe, beispielsweise für Radioaktivität. Wir kennen die gelb-schwarzen Abgrenzungsmarkierungen vor Gefahrenstellen. Die Blindenabzeichen sind, weil besonders auffällig, drei schwarze Punkte auf gelbem Grund. Wenn im Mittelalter in einer Stadt die gelbe Flagge gehisst wurde, war das ein Zeichen, dass Pest herrschte. Wird auf einem Schiff die gelbe Flagge gehisst, heißt das, dass eine Seuche ausgebrochen ist. Und wir alle kennen die Bedeutung die „gelben Karte" als Zeichen der Verwarnung im Fußball.

Gelb war immer auch die Kennfarbe der Geächteten. Im Mittelalter mussten die Prostituierten ein gelbes Kopftuch, gelbe Schleier oder Schuhe mit gelben Bändern tragen. Auch unverheiratete Frauen mit Kindern wurden sozial geächtet und mussten gelbe Hauben tragen. Wer verschuldet war, musste sich gelbe Scheiben auf die Kleidung nähen. Und die Türen an den Häusern der Geächteten wurden gelb angemalt.

Gelb war auch die Farbe der Diskriminierung der Juden. Schon im Mittelalter gab es die Kennzeichnung durch gelbe Farbe. Die Nationalsozialisten zwangen die Juden zum Aufnähen des „gelben Judensterns".

Gelb war in der westlichen Kultur nie eine beliebte Kleiderfarbe, denn ein reines und strahlendes Gelb zu bekommen war eine zu teure und aufwendige Färbetechnik. Lediglich einzelne Kleidungsstücke wurden gelb eingefärbt. Dann allerdings war man daran auch zu erkennen, identifizierbar. Gelb leuchtet auch in der Dunkelheit, man kann sich nicht verstecken.

Der positive Aspekt von Gelb wird dagegen in der esoterischen Betrachtungsweise hervorgehoben. Als Aurafarbe signalisiert Gelb Willensstärke, Wärme und Offenheit, Lebensfreude, persönliche Autorität, Beherrschung und Selbstkontrolle.

Als Heilfarbe in der Farbtherapie wird Gelb gegen depressive Verstimmungen eingesetzt, allerdings wohl dosiert. Gelb ist eine Farbe, die in ihrer Erregbarkeit auch „ins Auge stechen kann". Bei kreativer, geistiger Arbeit kann sie jedoch auch anregend und bereichernd wirken. In der Wohnung bringt ein wenig Sonnengelb Wärme und Fröhlichkeit mit sich. In der Kleidung hat sich Gelb jedoch als Modefarbe selten durchgesetzt.

Wenn, dann war und ist es eine Sommerfarbe. Parfüms jedoch sind oft goldgelb eingefärbt – die Farbe bedeutet hier Kontaktfreudigkeit und steht zugleich für erlesene Kostbarkeit. Man kann den anderen im übertragenen Sinn „gut riechen". In eher gelbgrünlicher Farbe präsentiert sich ein „frischer, zitroniger Duft".

Gelb ist wohl die zwiespältigste aller Farben. Als Symbolfarbe der Sonne, des Lichts und des Goldes ist sie ausgesprochen positiv, historisch gesehen aber in unserer westlichen Kultur auch eine negative Farbe.

ORANGE

Eva Heller nennt Orange die Farbe, die auf den Betrachter zwar nicht unsympathisch wirkt, die aber trotzdem niemand mag. Tatsächlich ist Orange nach Braun die unbeliebteste Farbe.

Der Name der Farbe selbst ist eng mit der Frucht Orange verbunden. Wenn wir uns einen orangen Farbton vorstellen, ist dies auch meist diese spezifische Nuance von Orange. Diese Assoziationen haben in unserer Vorstellung und Erinnerung oft mit südlichen Ländern, Wärme und Sonnenuntergängen zu tun. Aber wir erinnern uns auch an orangefarbene Keramiken und Plastikdinge, die wir in unserer Küche vielleicht schon lange ausrangieren wollten. Es gibt kaum Naturmaterialien in Orange. Es ist mehr eine Farbe der billigen Künstlichkeit, des Plastik. Eine

Zeit lang wurde vom Abfalleimer bis zum Tropfsieb alles in Orange angeboten. Jeder Artikel aus Plastik war orange. In jeder Küche war es aufdringlich vertreten, aber auch Werkzeuge wie Schraubenzieher u. Ä. hatten orangefarbene Griffe. Ein Ende der Orange-Plastik-Ära wurde eingeleitet durch die Tatsache, dass in gelben und orangefarbenen Plastikartikeln hochgiftige Farbstoffe enthalten waren. Auch Werbegrafiker bauten eine Zeit lang auf die Signalkraft und den positiven Effekt von Orange. Aber auch hier ist ein Wandel zu erkennen: heute vermeidet man orangefarbene Werbebotschaften. Orange wirkt in seiner Aufdringlichkeit auf die meisten Menschen unangenehm.

Neben der eher negativ empfundenen Aufdringlichkeit ist es aber auch eine Farbe, die als lustig und anregend empfunden wird. Es ist eine vergnügliche, gesellige, heitere Farbe. Vor einigen Jahren sah man in Europa viele Menschen in orangefarbenen oder roten Kleidungsstücken, die Mala von Bhagwan um den Hals tragend. Es waren Sannyasins, die ihre Zugehörigkeit durch die Farbe der Kleidung ausdrückten. Die Kleidung selbst hatte nichts „Mönchisches" an sich. Sie wirkten auf andere Menschen meist fröhlich, unbekümmert, manchmal sogar kindlich in ihrer sorgenlosen Art zu leben. Das war auch Bhagwans Wunsch, er wollte, dass „ein bisschen Narrheit in die Welt kommt". Interessanterweise trug Bhagwan selbst nie Orange. Es war immer weiß gekleidet. Provozierend sagte er einmal in einem Interview, er könne Orange nicht ausstehen.

In der Farbsymbolik ändert sich die Wirkung von Orange sehr stark, wenn es zum Rot tendiert. Dann hat es die feurige Kraft von Mars, ist hitzig und erregt. Neigt es dagegen mehr zum Gelb, wirkt es heiter und fröhlich. Eva Heller beschreibt Rot-Orange-Gelb als Farbklang der Energie. Orange ist eine Farbe des Feuers. Als Komplementärfarbe bildet es den Gegensatz zum ruhigen Blau, das Geistigkeit, Stille, Kühle und Melancholie verkörpert. Orange ist eine er- und durchwärmende Farbe, eine Farbe, die aufmuntert. In Spanien werden die Frauen von ihren Ehemännern „media naranja", die „orangefarbene Hälfte" genannt.

Orange als Mischung zwischen Gelb und Rot ist in China die Farbe des Wandels, die Farbe der Sinnlichkeit und der Geistigkeit. Die gelbe Farbe symbolisiert in China das „Kaiserreich der Mitte". Gelb ist dort die Symbolfarbe weltlicher und göttlicher Macht und Rot ist die Farbe des Glücks. Im chinesischen Konfuzianismus sind weltliche und geistige Macht vereint. Es ist eine Religion des Diesseits und des Jenseits. In der Wechselwirkung und im Wandel von Yin und Yang lebt alles in der Verwandlung. Es ist die Wechselwirkung der Gegensätze. Das „I Ging" von Konfuzius heißt auch wörtlich übersetzt: „Das Buch der Wandlungen". Orange repräsentiert diesen Wandel in idealer Weise.

Neben dem Konfuzianismus, der alten chinesischen Staatsreligion, ist der Buddhismus, die indische Mönchreligion in China verbreitet. Die sonnennahe Farbe Orange ist dort die Symbolfarbe der Erleuchtung. Die buddhistischen Mönche tragen ihre aus einem Stück Stoff gewickelten „Kleider" in leuchtend roten Orangetönen.

Auch in Indien ist Orange eine heilige Farbe. In der Flagge Indiens ist Orange neben Weiß und Grün eine der Nationalfarben. Inder verfügen über eine viel differenziertere Wahrnehmung der Farbe Orange als wir westliche Menschen. Typisch indische Orangetöne, nämlich die safranfarbenen Töne, empfinden wir als Gelb. Im Buddhismus ist Orange die symbolische Farbe des Muts und der Opferbereitschaft. In der indischen Malerei spielt Orange eine große Rolle. Viele Götter und Heilige tragen auf den Bildern orangefarbene Kleidung, haben manchmal auch orangefarbene Haut. Oft ist der Hintergrund orange ausgemalt.

Als Färbemittel für Textilien und auch Speisen war in Indien Safran sehr verbreitet. In Indien trugen die Adeligen mit Safran gefärbte Kleider, was in Europa kaum zu bezahlen gewesen wäre.

Aber nicht nur mit Safran wurde in Indien gefärbt. Andere typische Orangefärbemittel sind Henna (die Wurzeln des Hennastrauches) und Orlean (die Samen des Strauches). Seit Jahrtausenden färben sich die Menschen in Indien Haar und Haut. Bei tradtionellen Zeremonien bemalten die indischen Frauen ihre Hand- und Fußflächen mit hennafarbenen Ornamenten. Die gelblichen Blüten des Hennastrauches werden bei religiösen Zeremonien als Duftstoffe verwendet. Der Hennaduft gehört bei den religiösen Riten in Indien so selbstverständlich zum buddhistischen Zeremoniell wie der Weihrauch in der katholischen Kirche.

Auch Stoffe wurden mit Henna eingefärbt. Mit Henna gefärbte Seide wird leuchtend orange.

In Indien war die Wertschätzung der Farbe Orange besonders hoch. Die Farbe „Indischgelb" ist ein leuchtendes Gelborange. Als alte Malerfarbe war es kostbar wie Gold. Diese gelbe Farbe wurde aus Urinstein hergestellt. Man brauchte dazu den Urin von Kühen, die mit Mangoldblättern gefüttert wurden. Dass Kühe in Indien heilige Tiere sind, hat bei der Herstellung der göttlichen Farbe Gelb vielleicht noch zusätzlich eine Rolle gespielt.

Bei uns ist Orange dagegen eine sehr „weltliche" Farbe. Müllmänner, Straßenkehrer und Straßenbauarbeiter tragen orange Kleidung. Es ist eine Signalfarbe. Sie bedeutet: Achtung! Manchmal haben Straßenbahnen, S-Bahnen und Busse auch orangefarbene Markierungen. In der Industrie ist es eine Sicherheitsfarbe. Orangefarbene Aufkleber weisen auf gefährliche Inhaltsstoffe hin und explosive Stoffe werden mit orangefarbenen Warnungen versehen.

In der Kleidung ist Orange bei uns eine eher „schräge" Farbe. Ende der 60er Jahre spielte es als Modefarbe kurz eine Rolle. Auch in letzter Zeit sieht man im Zuge der modischen „Renaissance" jener Jahre wieder orangefarbene Kleidung und Accessoires. Aber nach wie vor wollen nur wenige Menschen einen orangefarbenen Wagen fahren,

obwohl Orange eigentlich eine ideale Sicherheitsfarbe ist. Orange kann man bei Autos bei Müllautos, Lastwägen u. Ä. akzeptieren. Als Farbe für ein prestigeträchtiges Auto wie Mercedes oder Rolls Royce ist es undenkbar: Orange und Luxusartikel passen nicht zusammen.
Andererseits ist Orange die Farbe des niederländischen Königshauses, der Oranier. Königstreue Niederländer hängen an bestimmten Festtagen, z. B. dem Geburtstag der Königin, orangefarbene Wimpel auf. Niederländische Fußballfans heißen „Oranjehemden" und bei sportlichen Veranstaltungen feuern die Fans ihre Mannschaft mit orangefarbenen T-Shirts an.

Als Aurafarbe bedeutet Orange die Fähigkeit zu geben und zu nehmen, gefühlvoll und leidenschaftlich zu sein, Wünsche und Besitzansprüche zu haben, aber auch nachgiebig und duldsam zu sein und harmonisch mit anderen arbeiten zu können.
Als Chakrenfarbe zeigt sich Orange im Bereich der Verdauungsorgane. Bei Vegetariern ist die Farbe in der Magengegend ein helles Orange. Das kann unter Umständen auf einen Eisenmangel zurückzuführen sein. Angeblich tragen Yogis auch deshalb die orangefarbene Kleidung, um die durch den Verzicht auf Fleisch evtl. fehlenden Stoffe damit auszugleichen. In anderen Chakren (das Herzchakra ist z. B. grün, das Stirnchakra indigo) taucht nur sehr selten Orange auf.
Für Ingrid Kraaz von Rohr bedeutet Orange die „Stärkung des Lebensmutes und An-nahme und Bewältigung des eigenen Schicksals" (Ingrid Kraaz von Rohr, „Formen, Farben und Symbole", S. 212). In der Farbtherapie soll Orange sogar die Lust am Lernen fördern, das Reaktionsvermögen stärken und bei Dingen, die man neu anpackt, die passende Farbe sein.
So gesehen ist Orange eigentlich eine sympathische Farbe. Auf die Frage, warum Orange als Farbe in unserer Gesellschaft so wenig vertreten ist, antwortet die Farbtherapeutin Andrée Schlemmer: „Weil wir keine großzügige Gesellschaft sind."

GRÜN

Grün ist die Farbe der Natur und die Symbolfarbe des Lebens. Obwohl die Natur auch andere Farben, vor allem Braun enthält, ist Grün selbstverständlich die Farbe der Vegetation, des Lebens. Wenn wir aus der „grauen" Stadt fahren, fahren wir „ins Grüne", den Wald um eine Großstadt bezeichnen wir als „grünen Gürtel oder grüne Lunge", neben den asphaltierten Straßen gibt es die „Grünstreifen", die städtischen Parks heißen „Grünanlagen", eine neue Pflanzung bezeichnen wir als „Begrünung", manchen Gärtnern sagt man „einen grünen Daumen" nach (es gibt sogar eine sehr schöne Geschichte mit dem Titel: „Tistou mit dem grünen Daumen"), der Dschungel wird jedoch oft als „grüne Hölle" bezeichnet und einsame Damen nennt man spöttisch „grüne Witwen".

Grün steht für die ausgleichenden, heilenden und Leben stärkenden Kräfte der Natur. Heute verbinden wir mit dem Begriff Grün deshalb oft Gesundheit und Natürlichkeit. Die Wochenmärkte in der Stadt heißen jetzt „Grüne Märkte", viele Biobauern bieten dort ihre Produkte an, und es gibt eine „grüne Kosmetik". Es ist kein Zufall, dass die ökologische Partei in Deutschland sich „Die Grünen" nennt.

In Irland ist „ein Grüner" jedoch kein Parteimitglied, sondern ein Katholik. In Irland ist Grün die Farbe des Katholizismus und gleichzeitig die Nationalfarbe der „grünen Insel".

Grün ist die Symbolfarbe des Lebens, des Wachstums. Ohne Grün wirkt eine Landschaft dürr, abgestorben, verwelkt, vertrocknet. Es gibt eine Wüstenpflanze, die völlig vertrocknet und abgestorben aussieht. Man bekommt sie bei uns unter dem Namen „Rose von Jericho" zu kaufen. Wenn man diese dürre, vertrocknete Pflanze ins Wasser legt, erwacht sie wieder zu neuem Leben. Innerhalb von wenigen Stunden wird sie grün, saftig und frisch. Bei allen Wüstenvölkern ist Grün die heilige Farbe des Lebens. Die Beduinen lassen sich auf ihren Wüstenwanderungen vom spärlichen Grün leiten. Dort, wo Bäume wachsen, gibt es in der Tiefe Wasser, nach dem man graben kann. Grün ist auch die Lieblingsfarbe des Propheten Mohammed und deshalb die Farbe des Islam. Grün ist dort Symbol aller materiellen und geistigen Güter. Die Visionen im Koran schildern das Jenseits als grünes Paradies.

Auch im Alten Testament ist Grün eine paradiesische Farbe.

Völker, die im Urwald oder tropischen Dschungel leben, haben der grünen Natur gegenüber eine andere Haltung. Denn diese bietet den Menschen nicht nur Lebensraum, sondern kann auch innerhalb kurzer Zeit den von Menschen so mühsam kultivierten Boden überwuchern und urbar gemachtes Land zerstören. Diese Völker leben in einem Kampf mit den als geradezu bedrohlich empfundenen Wachstumskräften der Natur, die nicht nur als Leben spendend und ernährend, sondern auch als alles verschlingend und zerstörend erlebt wird. Die dort lebenden Menschen gehen bei diesem Kampf für unsere Vorstellungen sehr gedankenlos mit der Natur um. Brandrodungen sind an der Tagesordnung. Die Zerstörung des Regenwaldes wirkt sich jedoch klimatisch überall auf unserer Erde aus. Inzwischen erleben wir auf der ganzen Welt die katastrophalen Folgen der Brandrodungen in Südamerika oder Asien. Die Böden verkarsten, trocknen aus und werden Wüste. Überschwemmungskatastrophen und Dürrezeiten sind die Folgen.

So wird Grün als Farbe des Urerlebnisses mit der Natur von den Völkern der Erde unterschiedlich erfahren. Aber nicht nur in nichtislamischen Ländern ist Grün ein Zeichen der Hoffnung und grundsätzlich eine Farbe des Lebens. Ohne die Vegetation könnten die Menschen auf der Erde nicht leben, sie könnten ohne das Grün der Pflanzen nicht atmen. Durch die Photosynthese mittels Sonnenlicht und Chlorophyll wird Energie umgewandelt. Durch diesen Umwandlungsprozess entsteht der Sauerstoff, den wir zum Atmen brauchen.

Grün ist nicht nur die Farbe der Natur, sondern auch die Symbolfarbe des Lebens in der Malerei. Grün spielt deshalb in der mittelalterlichen Malerei gerade bei der Gestaltung von Passion und Auferstehung Christi eine wichtige Rolle. Zum Propheten Mohammed gehört einen grüner Mantel und ein grüner Turban. Mit einer grünen Fahne eroberte er Mekka. Im islamischen Glauben ist Grün von seiner Symbolik her eine männliche Farbe. Als Farbe der Natur empfinden wir Grün weiblich. In Ägypten und China ist Grün traditionell die Farbe der Wiedererweckung.

In der Kunst Ägyptens wird Osiris, dem Gott des Nils und der Fruchtbarkeit, die grüne Farbe zugeordnet. „Grüne Dinge tun" besagte im alten Ägypten, dass man gute Dinge tun würde. Im Mythos vom heiligen Gral gibt es eine starke Grün-Symbolik, der Gral selbst ist eine Schale aus Smaragd oder grünem Kristall.

Grün ist neben Weiß, Rot und Violett eine der Liturgiefarben der katholischen Kirche. Sie ist für den gewöhnlichen, „normalen" Sonntagsgottesdienst vorgesehen.

Im christlichen Glauben bedeutet Grün Erneuerung, es ist die Farbe der Auferstehung und des neuen Lebens, und es ist auch die Farbe des Heiligen Geistes. Das Osterfest ist zugleich ein Frühlingsfest. Die Fastenzeit endet mit dem Gründonnerstag. Noch heute

wird in vielen Familien am Gründonnerstag traditionell Spinat gegessen. Die Karwoche beginnt mit dem Palmsonntag, der auch Grüner Sonntag genannt wurde. Nach altem Brauch schmückt man Palmzweige mit immergrünem Buchs.

Nach einer Zeit der Entbehrungen durfte man wieder hoffen: Das Sprichwort „mein Herz wird grün" drückt dies aus.

Grün ist auch immer die Farbe des Anfangs, des Beginns. In vielen Schöpfungsmythen spielt Grün eine Rolle. Grün ist in seinen hellen, lichten, frischen Nuancen die Farbe des Frühlings. Es ist auch die Symbolfarbe der beginnenden Liebe. In dem alten Volkslied „Mädele, ruck, ruck, ruck an meine grüne Seite ..." kommt dies dichterisch zum Ausdruck. Der „grüne Myrtenkranz" ist ein Zeichen der Liebe. Die „grüne Seite" ist die linke Seite des Körpers, dort, wo sich das Herz befindet. „Jemandem nicht grün zu sein" bedeutet, jemandem von Herzen nicht nah zu sein, ihn nicht zu mögen. Die römische Göttin Venus, die Göttin der Liebe und der Natur, trug ein grünes Kleid. Wenn Grün die Farbe einer Volkstracht war, durften nur die jungen, unverheirateten Mädchen hellgrüne Trachten tragen. Noch heute gibt es den Ausdruck „grüne Mädchen" oder „grüne Jungs". Von jemandem der unreif ist, sagt man auch: „Der ist noch grün hinter den Ohren." In England werden Anfänger „Greenhorns" genannt. Unreif sind auch „grünes Obst" und „grüner Wein". Junge Vögel haben noch eine grünliche Haut um den Schnabel, daher kommt der Begriff

„Grünschnabel". Man verhandelt aber auch „am grünen Tisch". Damit werden realitätsfremde Diskussionen bezeichnet. Diese Redensart kommt von dem Gebrauch der früheren Spieltische, die mit grünem Filz bezogen waren. Vom Kartenspiel her kommt auch der Spruch „dasselbe in Grün" und „ach du grüne Neune". Damit sind die deutschen Kartenfarben gemeint.

Grün ist in seiner positiven Wirkung eine beruhigende Farbe. Wenn es mit Gelb oder Schwarz gemischt ist, bekommt es allerdings einen gefährlichen, auch giftigen Beiklang. Der gefährliche Drache, der in vielen Mythologien und Märchen die Menschen bedroht, ist in unserer Vorstellung immer grün. Auch Dämonen haben in unserer Phantasie grüne Augen. In der Alchemie sollen grüne Flüssigkeiten die Fähigkeit besitzen, Gold zu machen. Es sind grüngelbe Chlorlösungen, die in ihrer aggressiven Wirkung das Gold aus dem Erz lösen.

Obwohl wir die gesunden Nahrungsmittel mit der Farbe Grün verbinden, ist Grün, wenn es zum Gelb tendiert, gleichzeitig die Farbe des Giftigen, Sauren. Wir alle haben eine Vorstellung von Giftgrün. Ein Giftblau kann man sich dagegen schwerlich vorstellen.

Tatsächlich war Grün als Malerfarbe sehr giftig. Es war eine in Arsen gelöste Kupfer-Grünspanmischung – eine äußerst gesundheitsgefährdende Kombination. Bis Anfang unseres Jahrhunderts waren grüne Farben giftig. Napoleon ging vermutlich an seiner Vorliebe für Grün zu Grunde; er dürfte an einer schleichenden Arsenvergiftung gestorben sein, weil die Zimmer in seinem Exil in St. Helena mit grünen Tapeten ausgestattet waren. Durch die klimatischen Bedingungen auf der Mittelmeerinsel lösten sich die Giftstoffe aus den grünen Farben der Innenausstattung. Die Arsendämpfe vergifteten Napoleon schließlich allmählich, wie die Ergebnisse einer Autopsie belegen.

Grün war immer eine Farbe für die einfache Kleidung. Loden, Trachten und Arbeitskittel wurden oft mit Grün gefärbt. Man färbte vor allem mit pflanzlichen Farben: Frische Birken-, Apfel- und Erlenblätter geben einen grünen Farbsud. Auch Baumrinden und andere Pflanzen eignen sich zum Grünfärben. Flechten, Farne und Moose ergaben einen ungiftigen grünen Farbstoff. Man darf sich dies allerdings nicht als leuchtendes Grün vorstellen. Es war eher ein Hellgrün oder Grau-Braungrün. Auch verblassten diese Farben am Licht rasch.

„Ein Grünrock" wird der Jäger genannt. „Grün, Grün, grün sind alle meine Kleider, weil mein Schatz ein Jäger ist", singen die Kinder schon seit Generationen. Seit der Romantik wird der Teufel in Menschengestalt „der Grünrock" genannt.

Als Flaschenfarbe ist Grün (vor allem für Weine) üblich. Es ist die billigste Glasherstellung. Es gibt sogar die Farbbezeichnung „Flaschengrün".

Im 19. Jahrhundert entwickelten Chemiker weitere grüne Farbstoffe. Dies waren leuchtende, intensive Grüntöne: Bittermandelölgrün, Jodgrün, Methylgrün, Aldehydgrün. Kostbare Seidenstoffe wurden damit eingefärbt. Grüne Abendroben waren die extravagante Mode des Pariser Hofes. Alle chemischen Grüntöne waren hochgiftig.

Doch die symbolische Bedeutung von Grün ist nicht in erster Linie das Gift, sondern die Hoffnung. Von einer werdenden Mutter sagt man auch: „Sie ist in Hoffnung." Und im „grünen Zimmer" stand im Mittelalter das Wochenbett der adeligen Frauen. In Märchen sind die „grüne Schlange" oder der „grüne Frosch" oft Tiersymbole für die Geschlechtsreife von jungen Mädchen. Märchen erzählen auch von der Heilkraft grüner Blätter.

Hildegard von Bingen schreibt von der „Grünkraft, der Heilkraft Gottes". Sie übermittelt uns Rezepte von grünen Medizinen oder empfiehlt die Imagination, die Vorstellung einer grünen Wiese, um schwache Augen zu stärken. Auch grüne Steine verwendet sie zur Behandlung.

Auch heute noch verbinden wir mit gesunder Ernährung „gesundes Grünzeug". Das Gemüse für eine Suppe nennen wir „Suppengrün". Negativ gemeint ist allerdings „das Lob über den grünen Klee". Es ist ein dummes Lob, nur ein Rindvieh frisst (und lobt) den grünen Klee.

Als Modefarbe hat sich Grün nie so ganz durchgesetzt. Auch in der Wohnungseinrichtung ist Grün (im Gegensatz zum aktuellen Blau) keine Trendfarbe geworden. Allerdings sieht man seit einiger Zeit viele neue Autos

in grünen Metallicfarbtönen. Im Wohnbereich sind Grünpflanzen bei den meisten Menschen sehr beliebt. Als Wandfarbe ist Grün (trotz der eigentlich beruhigenden, ausgleichenden Wirkung) jedoch sehr heikel, weil Grün sich durch Kunst- und Tageslicht mehr als alle anderen Farben verändert.

Als eine der drei Mischfarben ist Grün sehr eigenständig. Es erinnert in seiner neuen Mischung kaum mehr an die Grundfarben Gelb und Blau.

Nach einer Umfrage lieben 12 % der Befragten Grün, allerdings mögen 10 % der Männer und 8 % der Frauen Grün überhaupt nicht. Sollte bei einem Test „die" typische Grüne Farbe unter vielen Grüntönen herausgesucht werden, ergab sich in der Auswahl ein weit größeres Spektrum als bei Rot und Blau.

Es gibt kaum eine andere Farbe, die in ihrer Wirkung so vom Material und der Oberfläche abhängig ist. Wir finden die unterschiedlichsten Grünwirkungen bei grüner Seide, grünem Loden und grünem Samt. Grün eine Farbe, die sehr sinnenhaft erlebt wird. In der Natur gibt es unendlich viele Grünnuancierungen. Es gibt keine Pflanze, die in ihrem Grün der anderen gleicht. Wir finden blaugrüne Kohlblätter, dunkel-, fast schwarzgrüne Tannennadeln, braungrünes Moos, hellgrüne Birken, graugrüne Nelkenblätter … Allein das Grün der verschiedenen Nadelbäume. Keines ist mit dem anderen zu vergleichen. Auch mit den Jahreszeiten verändert sich das Blattgrün in der Natur stetig. Als Gelbgrün hat es den Charakter des Jungen, Frischen, Frühlingshaften. Dunkelgrün ist eine „ernste" Farbe. Blaugrün wirkt mehr geistig und stabilisierend. In Verbindung mit Grau entsteht ein fauliges, modriges Grün. Auch mit Braun getrübt wirkt es dumpf und moorig. Es gibt bei Grün vor allem in der Natur eine Fülle von Nuancen, die unterschiedliche Ausdruckswerte ermöglichen.

Als Heilfarbe ist Grün in der Farbtherapie die wichtigste aller Farben. Es wirkt antiseptisch, heilt Stauungen und entzündliche Erkrankungen, wirkt bei Stimmungsschwankungen ausgleichend sowie entspannend auf überanstrengte Augen und es stärkt den Sehpurpur. Neben vielen anderen Qualitäten soll es vor unerwünschten Gedankeneinflüssen schützen.

Als Aurafarbe bedeutet Grün: Friedliebigkeit, soziale Unabhängigkeit, Anerkennen der schöpferischen Ordnung, verzeihen zu können, in Harmonie mit der Mitte zu sein, Selbstvertrauen zu haben.

Der Tibeter Lobsang Rampa sagt, dass Ärzte und Krankenschwestern, vor allem die in der Chirurgie Tätigen viel Grün in ihrer Aura haben. Wir können das nicht nachprüfen. Allerdings wissen wir alle, dass Grün die Farbe der Operationskleidung im Krankenhaus ist. C. G. Jung hat Grün dem Wahrnehmung- und Empfindungstyp zugeordnet. Es sind Menschen, die vor allem mit ihren Sinnen aufnehmen. Grün beruhigt über die Sinne, vor allem über den Sehsinn. Der Blick ins Grüne ist nie anstrengend, sondern wohltuend und stärkend.

VIOLETT

Mischt man die Grundfarben Rot und Blau, erhält man Violett. Ein schönes Violett zu mischen ist allerdings gar nicht so einfach. Das Rot darf keinerlei Gelbanteile enthalten, sonst wird das Violett bräunlich-schmutzig. Hellt man das Violett mit Weiß auf, bekommt man Lila.

Violett war vor einigen Jahren eine häufig auftretende Modefarbe. Trotzdem wird Violett von mehr Menschen abgelehnt als geliebt. Nur 5 % der Frauen und 1 % der Männer geben Violett als ihre Lieblingsfarbe an. Nach den Angaben von Max Lüscher bevorzugen Kinder vor der Pubertät weltweit zu 75 % Violettrot. Ebenso wie die Kinder bevorzugt nach Lüschers Erkenntnissen die soziale Unterschicht Violett signifikant häufiger. Auch Schwangere wählen überdurchschnittlich häufig Violett (Max Lüscher, „Der Lüscher Würfel", S. 266).

Violett und Lila erinnern uns an den duftenden Flieder. In der englischen Sprache heißt Flieder „lilac", in der französischen „lilas". Auch das Veilchen wurde nach der Farbe seiner Blüten genannt. Es heißt im Englischen „Violet" oder im Französischen „Violette". Mit Violett und Lila assoziieren auch die meisten Menschen sofort diese Blumen. Es sind Blumen, die auf manche Menschen altmodisch wirken. Auch die damit verbundenen Düfte sind süßlich und altjüngferlich. Sie erinnern ein wenig an Wäscheschrank. Eine überlieferte Redensart heißt „Lila, der letzte Versuch". Man sagt dies etwas ironisch, wenn

ältere Damen signalisieren: „Ich bin noch zu haben!" Lila war früher auch häufig die Farbe von unverheirateten Frauen. Die pastellige, jungmädchenhafte Farbe sollte Lebhaftigkeit ausdrücken ohne kindlich und süßlich wie Rosa zu wirken. Violett oder Lila in Verbindung mit dunklen Farben mutet oft eher „ältlich" an. Es ist ein Farbklang, der introvertiert wirkt.

Mit Schwarz kann Violett jedoch auch dekadent, eitel, ja sogar ausgesprochen extravagant und mystisch wirken. Im Jugendstil war Violett eine sehr beliebte Farbe. Sogar Räume wurden in Violett ausgestattet. Gustav Klimt steigerte die Manieriertheit noch, indem er auf seinen Bildern Violett mit Silber und Gold kombinierte.

Um die Jahrhundertwende beschäftigte man sich in vielen bürgerlichen Salons mit esoterischen Fragen. Violett ist eine Farbe, die gut zu den spirituellen Zirkeln passte.

In Indien ist Violett die symbolische Farbe der Seelenwanderung. Für uns ist es eine Farbe, die wir mit Magie und Zauberei verbinden. Violett ist keine sachliche Farbe. Sie wirkt etwas unsachlich und zweideutig. Gefühl und Verstand drücken sich in dieser Farbe aus und auch der Gegensatz von weiblich und männlich. Es ist die Verbindung des warmen, weiblichen Rot und des kühlen, männlichen Blau.

Johannes Itten drückt dies so aus: „Als Gegenpol zu Gelb, dem Wissen, ist Violett die Farbe des Unbewussten, des Geheimnisses, das bald drohend, bald beglückend" wirken kann. „Violett ist die Farbe der nicht-wissen-

den Frömmigkeit und verdunkelt oder getrübt die Farbe des düsteren Aberglaubens ... Sobald es aufgehellt wird, ... entfalten sich zärtliche und liebenswürdige Farbtöne" (Johannes Itten, „Kunst der Farbe", S. 136). Itten verbindet Einsamkeit und Hingabe mit Blauviolett und himmlische Liebe und geistige Herrschaft mit Rotviolett.

Violett wird von vielen Farbpsychologen als melancholisch, depressiv, sehnsüchtig, gefallsüchtig, beunruhigend, verzaubernd, mystisch und zwiespältig definiert. Für Max Lüscher ist Violett eine Farbe, die den Wunsch nach Verschmelzung und Identifikation ausdrückt. Lüscher hat bei seinen Farbtests festgestellt, dass Violett eine Farbe ist, die oft bei gleichgeschlechtlicher Partnerschaft gewählt wurde. „Violett, die Farbe aus Rot und Blau, überschreitet die Grenze vom eigenen vertrauten Bereich in einen geheimnisvollen unvertrauten. Es sehnt sich nach dem anderen ... Violett ist die Verschmelzung und Vereinigung der Gegensätze" (Max Lüscher, „Der Lüscher Würfel", S. 267).

Violett ist eine Mischfarbe zwischen den Geschlechtern. Dem doppelgeschlechtlichen griechischen Gott Hermaphroditus wird die Farbe Violett zugeordnet. Seit den 70er Jahren ist es die Symbolfarbe der Feministinnen. Ins Rötliche gehend ist es aber auch eine Farbe der Macht. Als Purpur – der antike Purpurton war eher Violett als Rot – war es die Farbe der Herrscher. Im weltlichen Leben durften nur der römische Kaiser, seine Gemahlin und der Thronfolger purpurfarbene Mäntel tragen. Die überaus teure und

aufwendige Purpurfärberei war in Konstanti-
nopel ein kaiserliches Monopol und ein
sorgsam gehütetes Geheimnis. Purpurschnecken wurden in ungeheuren Mengen be-
nötigt, um einen purpurfarbenen Extrakt zu
erhalten. Nach alten Angaben brauchte man
14.000 Purpurschnecken, um ein Taschen-
tuch zu färben. Um den Krönungsmantel des
Kaisers zu färben, brauchte man 3.000.000
Purpurschnecken. Aber nicht nur die Kleidung, sondern auch die Schreibtinte des Kaisers war purpurfarben. 1453 wurde Konstan-
tinopel von den Türken erobert. Daraufhin
kam man allmählich von der dort beheima-
teten Purpurfärberei ab.

Nicht nur der römische Kaiser war in Purpur
gekleidet. Der Krönungsstuhl der Windsors
ist mit purpur-violettem Samt bezogen.
Auch die englische Königskrone ist mit einem gleichfarbigen Samt unterlegt.

Nach dem Ende der Purpurfärberei in Kon-
stantinopel wurden die Gewänder der Kar-
dinäle mit dem ebenfalls sehr teuren, leicht
blaustichigen Kermes gefärbt. Seither ist der
Kardinalspurpur rot. Die Bischofsgewänder
wurden von da an mit einer Mischung aus
Kermes und dem etwas billigeren Indigo
Violett gefärbt. Noch heute tragen die Kar-
dinäle Rot, die Bischöfe Violett.

Violett ist traditionell eine Farbe des Glaubens, der Frömmigkeit und der Theologie.
Früher war es die Farbe der theologischen
Fakultät. Es auch die Kirchenfarbe der Protestanten.

Als Liturgiefarbe finden wir Violett als Farbe
der Buße und der Umkehr in der Fastenzeit
im Advent und vor Ostern. In der katholischen Kirche ist Violett (dem mächtigen Purpur zum Trotz) eine Farbe der Demut, der
Ewigkeit und der Gerechtigkeit. Der Ring
des Kardinals ist mit einem violetten Ame-
thyststein geschmückt.

Auch heute noch ist Purpur eine exklusive
Farbe. Obwohl im 20. Jahrhundert die Chemiker mit der Entwicklung der syntheti-
schen Farben eine Revolution in der Farb-
tonherstellung bewirkten ist es auch heute
nicht möglich, Purpur synthetisch herzustellen. Theoretisch ist dies möglich, praktisch
aber zu teuer und zu aufwendig.

In der Industrie ist Violett eine Farbe, die sai-
sonbedingt angeboten wird. Als Modefarbe
der Kinder wurden in den letzten Jahren fast
jeder Roller, Fahrräder, Klettergerüste, Kin-
derbuggys, Schulranzen usw. in violetten
Farbtönen angeboten. Es war und ist keine
Farbe von technischen Geräten, von Werk-
zeug und Autos. In der Kosmetikindustrie ist
es die Werbefarbe für die Kosmetik für „die
reife Haut" und die Verpackungsfarbe für die
eher schweren, schwülstigen Parfüms.

In der Werbung wird es oft als kreativer
Blickfang benutzt. Die lila Schokoladenkuh
ist als Markenzeichen ist sicher eines der ge-
lungensten Beispiele.

Als Schmuckstein ist der violette Amethyst
sehr beliebt. Im Mittelalter war er ein sehr
seltener Stein, er war kostbar wie ein Diamant. Heute werden Amethyststeine zahl-
reich gefunden und relativ preisgünstig angeboten. Als Heilstein soll der Amethyst die

Energieschwingungen verwandeln und er-
höhen. In der Alchemie ist Violett die Farbe
der spirituellen Transformation.

Als Aurafarbe ist es ein Zeichen für Kreati-
vität, Spiritualität, Verständnis für höhere Be-
wusstseinsebenen, Harmonie mit der kosmi-
schen Ordnung und der Fähigkeit, sein
Schicksal ins Positive umzuwandeln.

Violett ist eine Farbe, die sich nicht nur
schwer mischen lässt, sondern auch eine
Farbe, mit der viele Menschen schwer umgehen können.

WEISS

Weiß lässt sich wie die Primärfarben (Rot,
Blau, Gelb) nicht mischen. Weiß ist die voll-
kommenste aller Farben, sagt Eva Heller.
Nach ihrer Untersuchung lehnen nur ganz
wenige Weiß ab, jedoch bekannten sich auch
nur 3 % der Befragten zu Weiß als ihrer Lieblingsfarbe.

Für Physiker ist Weiß keine Farbe. Weiß ist
physikalisch gesehen die farblose Summe der
Spektralfarben des Lichts. Wenn Licht sich
bricht, z. B. in einem prismaförmigen Glasstreifen, ändert das Licht dort, wo es auf das
Glas auftrifft, die Richtung. Diese Rich-
tungsveränderungen und Brechungen ergeben Farben, das farblose Licht wird zerlegt in
rotes, oranges, gelbes, grünes, blaues und violettes Licht. Wir nennen diese Farben „Spektralfarben" oder auch „Regenbogenfarben".
Im alten Griechenland spannte Iris, eine

jungfräuliche Götterbotin, den farbigen Bogen am Himmel, um den Menschen ein Zeichen zu schicken, dass die gefährlichen Un-
wetter wieder vorbei seien. Im christlichen
Glauben ist der Regenbogen ein Zeichen
Gottes für den Bund mit den Menschen.
Heute können wir den Regenbogen ganz
leicht physikalisch erklären, aber er hat für
uns dennoch nichts von seiner „mythischen"
Faszination verloren.

Obwohl Licht also eigentlich farblos ist, sprechen wir vom „weißen Licht". Für die Impressionisten, die das farbige Licht in ihren
Bildern darstellen wollten, war Weiß die
„Nichtfarbe".

Die Verbindung von Weiß und Licht drückt
sich auch in verschiedenen Sprachen aus.
Dem italienischen „bianco", dem französischen „blanc" entspricht das deutsche Wort
„blank". Griechisch heißt weiß „leukos",
wovon das deutsche Wort „leuchten" ab-
stammt. Das englische „white" leitet sich
vom germanischen „chwitta" (Licht) ab.

Goethe schreibt, dass Weiß dem Licht verwandt sei und aus dem Durchsichtigen durch
dessen Trübung hervorgehen würde: „Reines Wasser zu Schnee kristallisiert, erscheint
weiß, indem die Durchsichtigkeit der einzelnen Teile kein durchsichtiges Ganzes macht.
Verschiedene Salzkristalle, denen das Kristal-
lisationswasser entweicht, erscheinen als
weißes Pulver. Man könnte den zufällig un-
durchsichtigen Zustand des rein Durchsichtigen Weiß nennen, so wie ein zermalmtes
Glas als weißes Pulver erscheint" (Goethe,
„Farbenlehre". Mit Einleitung und Kom-

mentaren von Rudolf Steiner, Stuttgart 1984, Bd. 1, S. 47).

Heinrich Frieling sagt: „Physikalisch gesehen, ist Weiß aber gerade an eine Struktur gebunden. Denken wir an das an sich farblose Wasser. Es ist wie Licht. Gefriert es, dann ist auch die feine Scheibe Eis, die wir abheben, durchlässig und völlig transparent. Erst wenn wir sie zertrümmern oder zerkratzen, erst wenn das Eis in die Kristallform des Schnees übergeht, erleben wir Weiß" (Heinrich Frieling, „Mensch und Farbe", S. 168).

Der Physiker Isaac Newton behauptete aufgrund seiner Forschungen, dass die Summe aller Farben Weiß sei. Natürlich empfinden die Künstler dies ganz anders. Für den Maler ist Weiß eine eigenständige Farbe und es gibt nicht nur ein Weiß! Selten wird ein „reinweißes" Weiß verwendet. Weiß bekommt seinen Ausdruck in der Malerei erst durch die Wirkung der Farben der Umgebung, oft ist das Weiß selbst abgetönt. So gibt es kalte und warme Weißtöne.

Weiß ist in der Malerei nicht nur eine Gegenstandsfarbe. Weiß ist für uns eine Farbe, mit der wir Gefühle, Eigenschaften und Symbolik verbinden.

Weiß wirkt auf uns wie eine Aufhebung der Erdenschwere. Weiß ist die Farbe des Nirwanas. Als Farbe des Lichts ist es die Farbe der Erleuchtung. Es ist eine Farbe, die in ihrer „Entmaterialisierung" göttlich wirkt. Weiß ist die Farbe des Himmels, der Götter, der Engel und in vielen Religionsgemeinschaften die Farbe der Priester. In indischen und japanischen Religionsgemeinschaften sind die Priester weiß gekleidet und auch an den kirchlichen Festtagen tragen die katholischen Priester die Liturgiefarbe Weiß. Dem Papst als dem obersten kirchlichen Würdenträger ist allein die Rangfarbe Weiß in der Kleidung vorbehalten.

Die hinduistischen Brahmanen Indiens tragen weiße Kleidung. Unter den indischen Jains, einer Priesterkaste, gibt es die „Weißgekleideten". Im Hinduismus ist Weiß die Farbe des erleuchteten Bewusstseins, das häufig durch den weißen Lotos und den weißen Elefanten symbolisiert wird. Die weiße Taube ist bei uns ein Symbol des Friedens.

In Indien werden die weißen Kühe als heilige Tiere verehrt. Weiße Tiere gelten in vielen Religionen und Mythologien als verehrungswürdig, wenn nicht gar göttlich. In der griechischen Mythologie verwandelte sich Europa in einen weißen Stier. In der kretisch-mykenischen Kultur war der weiße Delphin ein gottähnliches Tier. In der katholischen Kirche wird der Heilige Geist als weiße Taube, Christus als weißes Lamm, also als unschuldiges Opfertier dargestellt. Das weiße Einhorn und die weiße Lilie werden der Jungfrau Maria zugeordnet. Weiße Tiere kommen in Märchen und Geschichten auch oft als Glücksbringer vor. Große weiße Vögel wie Störche, Reiher, Ibis oder Schwäne gelten als heilige Vögel der Unsterblichkeit. Früher sagte man bei uns auch zu kleinen Kindern, dass der Storch die Kinder bringen würde.

Im Grimm'schen Märchen „Die weiße Schlange" symbolisieren die weiße Schlange und das weiße Tuch die Zauberkräfte des Königs. Die besondere Kraft weißer Tiere verkörpert in einer Sage auch das silberweiße Kalb, das sieben Jahre lang von der Milch der weißen Kuh genährt wird und dann, von einer weiß gekleideten Jungfrau geführt, das Land von dem Bösen befreit. Auch im volkskundlichen Aberglauben spielt Weiß als magische Farbe eine Rolle. Weiße Dinge (Mehl, Milch, Salz, Eier, weiße Steine) wurden zur Hexenabwehr verwendet. Vor allem das weiße Salz war in vielen Kulturen sehr wichtig. Salz hat die Fähigkeit der Auflösung, Reinigung, des Würzens und Konservierens. Noch heute wird in Japan weißes Salz bei Reinigungsritualen verwendet, indem man es auf Türschwellen streut.

Weiß schützt nicht nur vor Bösem (weiße Magie), es ist grundsätzlich eine Farbe des Göttlichen, des Guten. Es ist die Farbe der Auferstehung. Christus, „das Licht der Welt", trägt auf Malereien als Auferstandener immer ein lichtweißes Kleid. In vielen Religionen und Kulturen (Hinduismus, Buddhismus, Ägypten, indianische Kulte, Christentum) ist Weiß eine Farbe des Lebens.

Im alten China jedoch ist Weiß die Farbe des Herbstes, die Farbe der Trauer. Als archteypisches Tier symbolisiert der „weiße Tiger" dies. Weiß als Trauerfarbe ist in Verbindung mit der religiösen Grundidee der Wiedergeburt zu sehen. Vor allem in asiatischen Ländern ist Weiß aus diesem Grund die traditionelle Trauerfarbe.

Seit dem letzten Jahrhundert ist Weiß bei uns die Farbe des Brautkleids. Man sagt auch „in Weiß heiraten". In früheren Zeiten gab es diese typische Brautmode nicht. Die Braut heiratete eben in ihrem besten Kleid. Die Brautkleider entsprachen in ihren Farben und Schnitt den jeweiligen Moden. Erst einige bedeutende königliche Bräute des 19. Jahrhunderts wählten das weiße Brautkleid und den weißen Brautschleier. Diese weißen Hochzeiten wurden tonangebend in der Mode. Noch heute wirkt der Mythos der Prinzessin, wie wir an Prinzessin Di erleben konnten. Mit dem weißen Brautkleid erfüllen sich viele Frauen einen Traum. Dies hat nichts damit zu tun, dass Weiß die Unschuld der Braut symbolisiert.

Als Modefarbe spielte Weiß erst nach der Zeit des Rokokos mit seiner Künstlichkeit eine Rolle. Im neuen und gebildeten Bürgertum war es die ideale Farbe des antiken Griechenlands. Damals war nicht bekannt, dass die griechische Antike ursprünglich in ihrer Bemalung ausgesprochen bunt und farbenfroh war. Diese typisch griechische Mode, weiße Kleider in fließendem, durch den Faltenwurf wirkendem Stil, spielte jedoch nur kurz eine Rolle.

Als Vornamen sind „Bianca" und „Blance" typische Mädchennamen. Weiß ist eine weibliche Farbe. In der asiatischen Religion mit ihrer Symbolik des Yin und Yang ist Weiß die Farbe des weiblichen Yin-Prinzips. Auch in Ägypten war Weiß die Farbe der Frauen. In Tibet verkörpert die „Weiße Tara" die Führerin zur Erlösung.

Die „weiße Weste", die man sprichwörtlich trägt, ist ein Symbol für tadelloses, hochmoralisches, unschuldiges Verhalten. Eine in vornehmes Weiß gekleidete Dame hatte Dienstboten. Sie musste sich nicht selbst die Hände (die Kleidung) schmutzig machen.

Als Farbe der Reinheit und Sauberkeit ist es die Farbe der Waschpulver („Weißer Riese"). Ein graues oder braunes Waschpulver (und sollte es noch so sauber waschen) würde sich wohl schwerlich verkaufen lassen.

Bei Nahrungsmitteln wie Zucker, Mehl, Reis und Nudeln hat sich in den letzten Jahren das Verbraucher- und Käuferverhalten geändert. Weißer Zucker ist künstlich entfärbter Zucker und weißes Mehl ist denaturiertes Mehl. Weißer Reis ist geschälter Reis. Diesen Nahrungsmitteln sind viele wertvolle, energiereiche Substanzen, die sich im Keimling und der Schale befinden, entzogen. Sie wirken zwar veredelter und schöner, sind aber schlichtweg nicht so gesund.

Bei uns tragen Menschen in Heilberufen weiße Kleidung. Ärzte werden deshalb etwas ironisch „Götter in Weiß" genannt. Weiß kann aber diesbezüglich auch negative Emotionen hervorrufen. Krankenhäuser, sterile Kälte, übertriebene Sauberkeit verbinden wir ebenfalls mit Weiß.

Den Tod durch Erfrieren nennt man auch den „Weißen Tod". Es ist die Farbe des kalten Nordens. „Weißrussland" nennt man daher den Norden Russlands. Die Polarlandschaft, der Nordpol und das ewige Eis sind von weißer Farbe. Die Eskimos haben mehrere

Farbnamen für Weiß. Das Weiß der unendlichen Schneelandschaft kann Gefühle der Einsamkeit, Verlassenheit, Verlorenheit hervorrufen. Elan Noir beschreibt dies in „La grande Vision": „Plötzlich waren wir allein mitten in einer riesigen weißen Ebene, und hohe, schneebedeckte Berge sahen uns durchdringend an. Eine große Stille herrschte ..."

Die Farbe des Lebens ist plötzlich die Farbe des Todes. Weiß kann auch eine Farbe sein, die kalt wirkt. Im übertragenen Sinne ist es der Tod der Emotionen. In vielen Sprachen wird weiß mit leer gleichgesetzt. In der französischen Sprache ist eine „weiße Stimme" eine tonlose Stimme und nach einer schlaflosen Nacht hat man eine „weiße Nacht" verbracht. „Weiße Flecken" sind Wissenslücken und auf alten Landkarten wurden noch unentdeckte und unerforschte Gebiete weiß markiert.

Beim Schreiben und Malen kennen wir alle das beklemmende Gefühl, das ein weißes, leeres Blatt in uns hervorrufen kann, den sog. „horror vacui".

Weiß kann aber auch verzaubern und in uns Träume hervorrufen. Als Farbe des Lichts bringt Weiß Leben und gleichzeitig birgt es alle anderen Farben in sich.

Als Aurafarbe ist Weiß sehr selten. Es ist die Farbe der erleuchteten Meister und bedeutet Vollkommenheit, Reinheit und Selbstlosigkeit.

Als Heilfarbe ist es die spirituelle Farbe der Öffnung für höhere Bewusstseinszustände, es ist die Farbe des Ursprungs und der Erleuchtung.

SCHWARZ

Wie bei Weiß stellt man sich auch bei Schwarz oft die Frage, ob Schwarz überhaupt eine Farbe sei. Die Anthropologen B. Berlin und P. Kay von der Universität in Berkeley in Kalifornien haben 1969 nachgewiesen, dass Schwarz und Weiß ebenso wie Rot, Gelb und Blau zu den Urfarben der Menschen gehören. Bei ihrer Untersuchung wiesen sie darauf hin, dass in den 98 ihnen bekannten Sprachen selbst die primitivsten Völker für Weiß und Schwarz Begriffe haben. Völker, die noch einen dritten Farbnamen kennen, benennen den Farbton Rot.

In der Farbenlehre gehören Rot, Gelb, Blau und die dazwischenliegenden Mischfarben zu den bunten Farben, Weiß, Grau und Schwarz dagegen zu den unbunten Farben. Werden die bunten Farben mit den unbunten gemischt, spricht man von Dämpfung und Trübung. Diese Dämpfung ist eine Intensitätsminderung, keine Qualitätsminderung. Selbstverständlich ist Schwarz für den Maler eine eigenständige Farbe, welche die Menschen auch mit einer starken Symbolik verbunden haben. In physikalischer Hinsicht ist Schwarz die Farbe eines nichtbeleuchteten Gegenstandes, der die Lichtstrahlen nicht reflektiert, sondern sie schluckt.

Diese Verbindung zur Dunkelheit ist die spontane gefühlsmäßige Assoziation bei der Farbe Schwarz. So wird Schwarz eher negativ besetzt. Schwarz wird nicht als vitale Farbe empfunden. Es ist mehr eine Farbe, die intellektuell wirkt. Als Ergebnis einer Unter-

suchung nennt Heinrich Frieling Schwarz auch als Ablehnungsfarbe der Kinder. Bei Vorlage von 23 Farben lehnten 34 % der Kinder zwischen 5 und 8 Jahren Schwarz ab (1972). In den letzten Jahren kam allerdings erstaunlich viel Kinderkleidung in der Farbe Schwarz auf den Markt, die in Schnitt, Stil und Farbe der Erwachsenenkleidung sehr ähnlich ist. Viele Pädagogen beklagen ja den Verlust der Kindheit. Auch Mediziner bestätigen eine Akzeleration in der Entwicklung der Kinder.

Schwarz ist wie Weiß eine „Grenzfarbe" des menschlichen Bewusstseins. Trotzdem ist Schwarz seit Generationen für viele die absolute Lieblingsfarbe. Schwarz ist die Farbe der würdevollen Theologen, der Intellektuellen und die Farbe der französischen Existenzialisten um Jean-Paul Sartre und Simone de Beauvoir. Und es ist die Lieblingsfarbe der pubertierenden Teenager. Vor allem Jugendliche entscheiden sich oft für die Modefarbe Schwarz, und es ist meist die Wahlkleiderfarbe von Menschen, die in Modeberufen (Design, Modeschöpfer) oder künstlerischen Berufen arbeiten. Schwarz drückt Sachlichkeit und Modernität aus, zwei charakteristische Eigenschaften des Design. Schwarz kann ein Protest gegen die Buntheit, Beliebigkeit und Unsachlichkeit sein. Schwarz ist in der Mode eigentlich eine so klassische, zeitlose Farbe, dass man gar nicht mehr von einer Modefarbe sprechen kann.

Bei Schwarz ist es vielleicht so wie bei sonst keiner Farbe, sie wird entweder gemocht oder abgelehnt. Viele von uns verbinden ihre Aversion dem Schwarz gegenüber sicherlich mit seiner Bedeutung als Trauerfarbe. In der christlichen Farbensymbolik wandelt sich die Trauerfarbe Schwarz über Grau zum Weiß. Schwarz ist die Farbe der irdischen Trauer, die Farbe der trauernden Hinterbliebenen. Grau ist die Farbe des Jüngsten Gerichts und Weiß die Farbe der Auferstehung. Es gibt aber auch den „weißen Tod" (den Erfrierungstod) und die „schwarze (= fruchtbare) Erde", andererseits jedoch wiederum den „schwarzen Tod" (so wurde der Pesttod genannt).

Ob Schwarz in den jeweiligen Kulturen die Trauerfarbe ist, hängt vom religiösen Glauben und dem kulturellen Umfeld ab. In unserem Kulturkreis trägt man bei Beerdigungen schwarze Kleidung. Im Urchristentum war die Trauerfarbe der Zurückgebliebenen Weiß. Im Buddhismus ist Schwarz als Trauerfarbe undenkbar, geht die Seele doch in neue Existenzen oder gar ins Nirwana. Bei diesem Weg zur Vollkommenheit ist die dunkle Farbe Schwarz als Symbol der Finsternis nicht möglich.

Mit Schwarz wird auch die absolute Finsternis, die Ohnmacht, verbunden. Wenn man bewusstlos wird, sagt man auch, „es wird einem schwarz vor den Augen". In unserer Sprache gibt es viele Ausdrücke, wo Schwarz negativ belegt wird. Kinder spielen schon seit Generationen das beliebte Spiel: „Wer fürchtet sich vorm schwarzen Mann?" Wenn er kommt, kann man nur schnell davonlaufen. In England nennt man den bösen Blick

„black look". Der Bösewicht hat „ein schwarzes Herz" und Pessimisten „sehen schwarz" oder malen „alles schwarz in schwarz". Wer über makabre Dinge lacht und spöttelt, hat einen „schwarzen Humor" und der Melancholiker hat nach der mittelalterlichen Heilkunde zu urteilen eine „schwarze Galle". Und natürlich möchte keiner von uns im Kartenspiel der „schwarze Peter" oder im wirklichen Leben das „schwarze Schaf" sein. Wir ärgern uns, wenn uns jemand „anschwärzt" und es bedeutet nichts Gutes, wenn einem „eine schwarze Katze über den Weg läuft". An einem „schwarzen Tag" passiert ein Unglück und am legendären „Schwarzen Freitag" brach die Börse in den USA zusammen.

Aber wenn man etwas „schwarz auf weiß" liest, kann man dem Gelesenen Glauben schenken. In der Kombination der Farben Schwarz und Weiß drückt sich Sachlichkeit und Neutralität aus. Wenn der Kaufmann „schwarze Zahlen" schreibt, macht er einen Gewinn. Jedoch steht man, wenn man einen Kredit braucht, nicht gerne auf „schwarzen Listen". „Schwarzarbeit", „Schwarzhandel" und „Schwarzbrennen" sind kriminell, außerdem „Schwarzfischen" und mit öffentlichen Verkehrsmitteln „Schwarzfahren".

Im Gegensatz zu den weißen Tieren des Glücks und Friedens bringen die schwarzen Tiere im Märchen oder volkstümlichen Glauben oft Unglück. Der „Unglücksrabe" und der „Pechvogel" können nur schwarz sein. Die schwarze Farbe hat in den Märchen, Sagen und Mythen oft Unheil bringenden Charakter. Raben, Krähen, schwarze Kühe, Hunde oder Käfer galten als Todesboten. Jedoch bringt der schwarze Kaminkehrer Glück und bei früheren Völkern beschmierte man sich häufig das Gesicht mit Ruß oder schwarzer Erde, was die bösen Geister abschrecken sollte.

Als Färbemittel diente im Mittelalter vor allem Erlenrinde. Dies ergab das sogenannte „Armenschwarz". Es war ein trübes, dunkles Grau. Dies war die Arbeit der sogenannten „Schwarzfärber", die im Gegensatz zu den „Schönfärbern" mit ihren leuchtenden farbigen und teuren Stoffen nur die billigen Stoffe wie Wolle und grobe Baumwolle einfärbten. Ein tief dunkles Schwarz zu färben war sehr schwierig. Ein wirklich gutes Ergebnis war nur durch eine aufwendige Färbetechnik mit Galläpfeln möglich. Nach der Entdeckung Amerikas konnte man mit dem importierten teuren Blauholz ein sehr vornehmes Schwarz färben. Schwarz wurde zur Modefarbe der damaligen Weltmacht Spanien. Es waren strenge, hochgeschlossene schwarze Kleider mit einer in viele Falten gelegten weißen Halskrause. Diese Halskrausen, Krösen genannt, machten die damit Bekleideten ziemlich unbeweglich. Im Extremfall waren sie so groß, dass sie bis über die Schultern reichten. Es war der sogenannte „Mühlradkragen", der das Essen nur noch mit extrem langstieligen Löffeln und Gabeln möglich machte.

Schwarz war auch die Farbe der Reformation, die Farbe der Protestanten. Auch in den katholischen Ordensgemeinschaften tragen Mönche und Nonnen meist schwarze Kutten. In der einheitlich schwarzen Ordenskleidung sind alle gleich. Die schwarze Farbe wurde zum Symbol für ein gleichberechtigtes Dasein vor Gott. Das menschliche Schicksal ist nicht mehr vom sozialen Stand, von der Geburt und dem gesellschaftlichen Status abhängig. Vor Gott sind alle Menschen gleich.

Schwarz ist jedoch auch die festliche Amtskleidung und die Berufskleidung von evangelischen Geistlichen und Juristen bei Gericht. Die „Schwarzen" werden die politisch Konservativen genannt.

In Verbindung mit Rot und Weiß ist Schwarz die Grundfarbe des deutschen Nationalsozialismus. Auch in Italien war Schwarz die faschistische Farbe. Um die Zugehörigkeit zur Partei Mussolinis zu zeigen, trugen die Anhänger des Faschismus das „schwarze Hemd". In der heutigen Zeit drückt man mit schwarzer Kleidung nicht mehr diese Zugehörigkeit aus. Es ist eher die Kleidung verschiedenster Gruppierungen: Teenager, Halbstarke, Punks, Rocker, Existenzialisten, Designer, Geistliche, Professoren ...

Obwohl viel „Schwarzmagisches" mit der Schwarzsymbolik verbunden wird, gibt es auch die wundertätigen „Schwarzen Madonnen" in der katholischen Kirche. Im alten Ägypten war Isis, die Fruchtbarkeitsgöttin, schwarz. Schwarz ist auch Anubis, der schakalköpfige ägyptische Totenwächter. Die griechischen Unterweltsgötter sind ebenfalls schwarz: Charon, Hekate, Pluto im Hades. In

Indien und Tibet gibt es ebenfalls schwarze Totengöttinnen: Kali und Durga. In Griechenland verbindet man Chronos mit Schwarz und in der Astrologie wird dem Planeten Pluto Schwarz zugeordnet.

In der Natur fällt auf, dass es relativ wenig reinschwarze, sondern höchstens „schwärzliche" Dinge gibt. Im Sonnenlicht sehen wir das schwarze Gefieder der Amsel nicht mehr völlig schwarz, sondern blau, grünlich, violett und purpur schillernd. Plötzlich sind in dem Schwarz in Verbindung mit Licht viele Farben zu erkennen. Wenn man „schwarze" Beeren auspresst, ist der Saft nicht schwarz, sondern eher dunkelrot oder dunkelviolett. Wir kennen eigentlich keine schwarzen Blüten. Das samtige Schwarz des Stiefmütterchens ist genau besehen ein dunkles Violett. Das tiefste Schwarz in der Natur erleben wir sicher in der Steinkohle, die ja als Brennelement Feuer, Wärme und flammende Farben gibt. Im Licht erstrahlt der Diamant, der ebenfalls eine Kohlenstoffverbindung ist, in allen Farben gleißend.
In der Farblehre Goethes repräsentieren alle dunklen Farbtöne von Blau bis Violett die Finsternis. Reines Schwarz ist immateriell, es ist die Leere, der Tod.
In der Waldorfpädagogik gibt es deshalb (außer in den Kohle- und Tuschzeichnungen im Kunstunterricht der Oberstufe) kein Schwarz. Rudolf Steiner schreibt: „Es vergeht uns die Seele, wenn das grausige Schwarz in uns ist" (Rudolf Steiner, „Über das Wesen der Farben", S. 22).

Auch die Impressionisten lehnen Schwarz als Malfarbe mit dem Argument ab, es komme in der Natur nicht vor. Das erdenschwere Schwarz hätte auch nicht zu der lichten, heiteren Farbpalette der Impressionisten gepasst. Für van Gogh war Schwarz als unbunte Farbe im Gegensatz zu den bunten Farben sehr wichtig. Er nannte die bunten Farben die bewegten Farben im Gegensatz zu den statischen unbunten Farben. Die Schwarztöne in den Gemälden von Frans Hals (van Gogh zählte 27 verschiedene Schwarztöne bei Frans Hals) sind für van Gogh die Ruhepunkte in den Bildern.
In der asiatischen Tuschmalerei des Zen-Buddhismus kennen wir eine lange Tradition der Auseinandersetzung mit der Farbe Schwarz. Im japanischen Farbenspektrum ist Schwarz neben Weiß eine der Grundfarben wie Rot, Gelb, Blau.

Im Märchen muss die „schwarze Prinzessin" oftmals erst erlöst werden. Schwarz drückt nicht unbedingt nur Böses, sondern auch „Gefangensein", vielleicht im eigenen Unterbewusstsein, aus. Der Tiefenpsychologe C. G. Jung hat dem archetypischen Schwarz die unbewusste, verdrängte Seite im Menschen zugeordnet.
Der Psychologe Klausbernd Vollmar hat der Farbe Schwarz ein Buch mit vielen Mal- und Meditationsübungen gewidmet. Für ihn hat Schwarz eine tiefe symbolische Bedeutung, die es zu erforschen, zu erfahren wert ist.
Als Aurafarbe tritt Schwarz nie flächig, sondern nur fleckig auf. Es ist immer ein negati-

ves Zeichen und symbolisiert Lebensverneinung, Boshaftigkeit, Chaos und Ungläubigkeit.

Als Heilfarbe habe ich Schwarz in keinem der gängigen Bücher über Farbtherapie gefunden. Manche betrachten jedoch Schwarz als Farbe der Askese und heilsamen Zurückgezogenheit von der hektischen Außenwelt.

GRAU

Wenn man die bunten Farben mit Weiß oder Schwarz mischt, trübt man die reinen Farben. Die größte Trübung, das Grau erhält man in der Mischung von Schwarz und Weiß.

Kinder zeigen keinerlei Bevorzugung der Farbe Grau. Auch von Frauen wird Grau stark abgelehnt und lediglich 3 % der Männer wählten Grau als ihre Lieblingsfarbe.

Diese Negativhaltung der Farbe Grau gegenüber drückt sich auch in unserer Sprache aus. Es gibt den Ausdruck „grau ist alle Theorie"; ein Zeichen dafür, dass der Theorie der lebendige Bezug zum wirklichen Leben fehlt. So wie Grün die Farbe des Lebens ist, ist Grau die Farbe mit dem Bezug zum Elend. Goethe lässt im Faust den Mephisto zum Studenten Wagner sagen: „Grau, teurer Freund, ist alle Theorie und grün des Lebens goldner Baum." Wenn man nachdenkt, sich den Kopf zerbricht, strengt man „die kleinen grauen Zellen an". Wer Kummer hat, dem wachsen „graue Haare". Der „graue Alltag" ist der un

erfreuliche, nichts Schönes bietende Alltag. Typische Novembertage mit Regen, Nebel, feuchter Kälte bezeichnen wir als „graue Tage". Also alles in allem eine eher unfreundliche Farbe. Wenn jemand eine „graue Persönlichkeit" hat, dann ist er nichts sagend. Die meisten Menschen verbinden die Farbe Grau auch mit der Bürokratie. Die „grauen Männer" in Michael Endes Geschichte „Momo" sind die alles zerstörenden Zeitdiebe. Sie sind ohne Gefühl und in keinster Weise empfänglich für die liebenswerte Momo in der Geschichte. Es sind kalte, sprachlose, „grausame" Männer, die, stets grau gekleidet, ihre kleinen grauen Zigarren rauchen. In sprachlicher Verwandtschaft finden wir „grau" – „Grausen" – „gräuslich" – „grässlich" – „greulich" – „Grauen". Wie die bunten, lebendigen, lustigen und frischen Farben durch Grau getrübt werden, schlägt Grau auch als Farbe aufs Gemüt. Weit zurückliegende Zeitepochen, von denen man wenig weiß, nennt man auch in „grauer Vorzeit". In „Sack und Asche" geht man als Büßer. Grau empfinden wir als alte Farbe oder Farbe fürs Alter. Alte Menschen haben auch meist graue Haare, sie sind oft „in Ehren ergraut". Seniorengruppen nennen sich selbstbewusst „Graue Panther", sie wehren sich mit ihren Aktivitäten dagegen, zum „alten Eisen" zu gehören.

Heinrich Frieling bewertet die Auswahl der Farbe Grau in Farbtests so, dass man sich nicht zu erkennen geben, nicht Farbe bekennen will („Mensch und Farbe", S.173).

„In der Nacht sind alle Katzen grau", sagt man. Man kann auch sagen: „Wo kein Klä ger, da kein Richter" – vor allem in der „Grauzone", dem Bereich zwischen dem Rechtmäßigen und Kriminellen. Der „graue Markt" umgeht Lizenzen, Preisbindungen und den offiziellen Handel. Als „graue Literatur" bezeichnet man zwar legale Publikationen, die aber in geringer Auflage verbreitet und nur schwer zugänglich sind und oft vom Autor selbst finanziert bzw. im Eigenverlag herausgegeben werden.

„Graue Eminenzen" hinter den Kulissen sind zwar mächtig und einflussreich, aber auch unheimlich. Auch die „Drahtzieher" der Unterwelt sind oft grau. Es sind die Geister, der noch nicht erlösten Seelen. „Graumännchen" nennt man die heidnischen Kobolde und Erdgeister. Als Zwerge und Heinzelmännchen sind sie fleißig bis zum „Morgengrauen".

In der Mode gehörten graue Kleidung und Armut früher zusammen. Es waren schmutziggraue, derbe Stoffe, aus denen die einfache Kleidung geschneidert wurde. Es war die Farbe der Waisen- und Armenhäuser und der Gefängnisse. Dies ist nicht zu vergleichen mit dem vornehmen Grau des heutigen Business-Kostüms oder des eleganten grauen Zweireihers. Diese sind mehr Ausdruck des Vornehmen, Dezenten und nicht aus dem Rahmen Fallenden. Die sprichwörtliche „graue Maus" muss dagegen nicht unbedingt grau gekleidet sein. Es ist eher die farblose Persönlichkeit.

Als Aurafarbe ist Grau kein gutes Zeichen. Es bedeutet Furchtsamkeit und Ängstlichkeit,

geringes Selbstwertgefühl, wenig Mut sowie Kummer und Sorgen. Als Heilfarbe spielt Grau genauso wie Schwarz keine Rolle.

In der Natur finden sich die reinen Graufarben sehr selten. In den Farben von Gesteinen gibt es unendlich viele Nuancen, die zu den anderen Farben hingehen. Ein gleichmäßig grauer Himmel wirkt öde. Erst der „Silberstreifen am Horizont" stimmt uns optimistischer.

Grau selbst ist meistens langweilig, trist und trostlos. Eva Heller macht in ihrem hervorragenden Buch „Wie Farben wirken" jedoch einen originellen Vorschlag: Sie schlägt vor, das was traditionell mit Grau assoziiert wird, einmal spielerisch ins Gegenteil, ins Farbige, z.B. ins Rosarote zu verkehren. Mit diesen Vorschlägen lässt sich der Farbe Grau auf kreative Weise einmal der „der rote Teppich ausrollen" – eine Anregung zum Weitermachen! Wir haben oft allen Grund, den (pädagogischen) Alltag wieder farbiger werden zu lassen.

BRAUN

Bei dem von Eva Heller durchgeführten Test war Braun die Farbe, die am meisten abgelehnt wurde, und zwar lehnten 29 % der Frauen und 24 % der Männer Braun ab. Nach Frieling lehnen kleine Kinder Dunkelbraun ebenso oft wie Schwarz ab. Eigenartigerweise ist es eine der beliebtesten Farben im Wohnbereich und auch in der Mode sind die Erdfarben immer wieder aktuell und gefragt. Es ist die Farbe des Gemütlichen, Warmen, Geborgenen. Teddybären sind meistens aus braunem Fell genäht. Der bei Kindern so beliebte Osterhase ist braun. Auch braune Pferde, Kühe, Rehe, Hasen und Hunde werden von Kindern geliebt und sind als Kuscheltiere seit vielen Jahren auf dem Markt.

Als Farbe selbst jedoch belegen wir Braun eher mit negativen Assoziationen: mit Dreck, Schmutz, Exkrementen. Braun kann die Farbe des Verdorbenen, Verderblichen, Verfaulten sein. Vergilbtes, verblichenes, altes Papier wird braun. Und auch im Herbst färben sich die Blätter am Ende bräunlich. Braun ist eine alte Farbe.

Es kann aber auch eine „aromatische" Farbe sein. Kaffee, Tee, Bier, Cola oder Kakao sind braun. Schokolade und braune Lebkuchen mögen fast alle. Honig hat oft eine warme goldbraune Farbe. Brot, Gebratenes und Gebackenes hat eine gut schmeckende braune, knusprige Kruste. Die meisten Menschen kaufen lieber braune als weiße Eier. Vollkornbrot ist dunkler als Weißbrot und auch gesünder. Natur- oder Rohrzucker aus dem Naturkostladen ist braun. Dunkle Lebensmittel wirken insgesamt gehaltvoller, schwerer, sättigender und kalorienreicher.

Als Farbe des Verderblichen war Braun im Mittelalter neben Schwarz die Farbe der Trauernden. Im Alten Rom wurden die Bettler die „Pullati" (die Braungekleideten) genannt. Es war die Farbe des Lumpenproletariats.

Braun als Modefarbe lebt eher von der Farbkombination mit der zurückhaltenden Erdfarbe Braun. Als Kleidungsfarbe war Braun früher die Farbe der armen, bäuerlichen Bevölkerung. Es war die Grundfarbe der ungefärbten, ungebleichten Stoffe. Franz von Assisi, zu dessen Gelübde vorrangig die Armut gehörte, trug als Ordensgründer der Franziskaner die braune Kutte mit dem Strick um die Hüfte.

Paradoxerweise wurde Braun, genauer gesagt Flohbraun, am Französischen Hof eine Modefarbe der Adeligen. Flohbraun war die Lieblingsfarbe Ludwigs XVI. und damit auch die Lieblingsfarbe seiner Untertanen. Dies war jedoch eine der vielen Marotten, die man sicherlich auch als dekadent bezeichnen kann.

Braune Uniformen erwecken in uns sehr negative Gefühle. Es war die Farbe der Nationalsozialistischen Partei. Mitglieder der SA sangen: „Wir sind des Führers brauner Haufen." Die Parteianhänger trugen braune Hemden, weshalb man die Nazis auch „die Braunen" nannte.

Typisch deutsche Namen sind Bruno (der Braune) und Brunhilde.

Im alten Ägypten war Braun die Farbe des Bösen. Die Symbolfarbe der Zorngötter im tibetischen Buddhismus ist ein Rauchbraun. Aber auch viele Muttergottheiten wurden mit der Farbe Braun verbunden. Ingrid Riedel ordnet deshalb dem Wärmepol des Braun die Muttergottheiten mit ihren lebens- und wärmespendenden Aspekten zu. Der Kältepol des Braun dagegen drückt sich für sie in der Erniedrigung, dem Hunger, der zum Betteln treibt, in der überstrengen Erziehung, die in der Massenerscheinung der braunen Uniformen zum Ausdruck kommt, oder im harten Kot aus.

Braun ist auch die Farbe der bäuerlich-sinnlich-erdverbundenen Liebe. „Schwarzbraun ist die Haselnuss ..." heißt es in einem alten Volkslied. Die „schwarzbraunen Mädchen" waren die einfachen Mädchen vom Land. Braun war in der Minnedichtung die Symbolfarbe für die „verschwiegene Liebe". Es war die Liebe, die nicht durch den Bund der Ehe symbolisiert wurde. Einfache, arme Leute konnten nicht heiraten. Dies war den Reichen vorbehalten. Aber auch die Armen bekamen Kinder ... Ein typischer bäuerlicher Schmuck ist der in Silber oder Messing gefasste braune Stein, wie Bernstein oder rotbrauner Granat. Er wurde von den Bäuerinnen getragen, die den ganzen Tag auf dem Feld arbeiten mussten und deren Haut von der Sonne gegerbt war. Diese sonnenbraune Haut war damals ein Zeichen des armen, einfachen und arbeitsreichen Lebens.

Heute dagegen die sonnengebräunte Haut eher ein Privileg der Urlauber, der Besucher der Sonnenbank. Braun zu sein bedeutet viel Freizeit zu haben, sich Urlaubsreisen in ferne und südliche Länder leisten zu können. Mit zunehmendem ökologischen Problembewusstsein, was Hautschäden durch intensive Sonnenbestrahlung angeht, wird sich diese Einstellung sicherlich wieder wandeln. Vielleicht ist dann irgendwann die „vornehme Blässe" wieder Schönheitsideal.

Wie Schwarz kommt Braun als ganzheitliche Aurafarbe kaum vor. Jedoch beschreiben hellsichtige Menschen eine „verunreinigte Aura" als braunfleckig. Hellbraun in der Aura kann eine gewisse „Bauernschläue" bedeuten. Im körperlichen Bereich ist es eine Aurafarbe, die auf eine schlechte Nierenfunktion hinweist. Dunkelbraun ist die Aurafarbe des Geizes und der Verdauungsprobleme. Es ist die Farbe der spirituellen Blockierung. Auch Medikamenten- und Drogengifte zeigen sich als braune Flecken in der Aura. Brauner Bernstein soll dagegen ein sehr heilkräftiger Stein sein.

Kunterbunte Spielideen

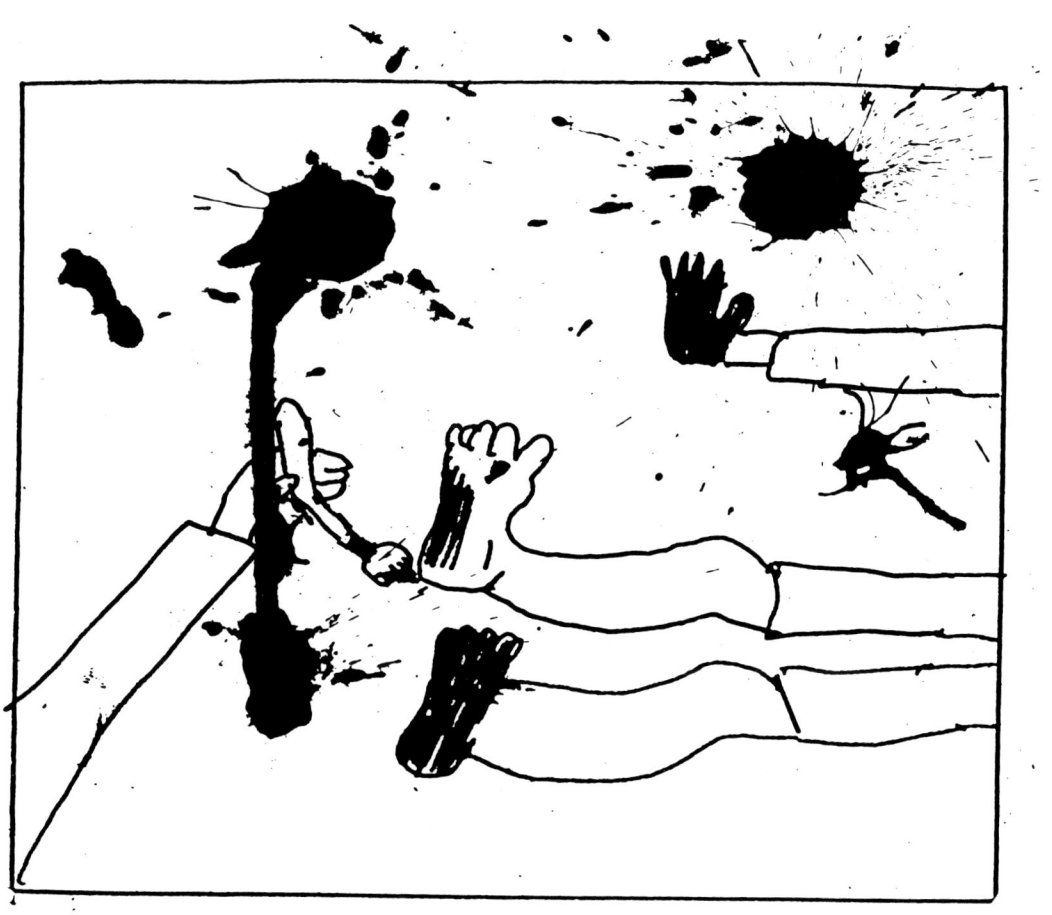

Umgang mit Farben = Malen mit Pinsel und Farbkasten – so lautet eine traditionelle Vorstellung, die aus manchen Köpfen nur schwer herauszubekommen ist. Das ist eigentlich sehr schade. Es gibt doch so viele andere Möglichkeiten mit Farben zu leben und sie zu erleben, Spiele, die uns die Farbe viel näher bringen als eine mechanisch-technisch orientierte Annäherung.

Mit den folgenden Spielvorschlägen können wir erfahren, welche Farben uns wohl tun und welche uns unangenehm sind. Wir experimentieren mit Licht, mit Farbklängen, Farbwegen, „Farbgetümmeln", Chaos und Ordnung, wir sammeln spielerisch Erfahrungen, die wir auf unseren Lebensraum wie Wohnung, Kleidung, Kosmetik, aber natürlich auch auf unsere künstlerische Gestaltung und den Umgang mit Werbung, Design, Mode und schließlich natürlich auf die Begegnung mit großen Malern und Malerinnen übertragen können.

Das Ganze kann spannend, aufregend und lustbetont sein – denn Farben sind nun mal einfach schön. Was wäre wohl eine Welt ohne Farben? Ein kurzes Brainstorming zu diesem Thema macht uns schnell deutlich, mit welchem großartigen und reichen Schatz wir hier eigentlich umgehen.

Im Folgenden sind viele Spielideen kurz angerissen. Sie sollen Impulse und Anstöße geben für eigene Aktivitäten und Möglichkeiten. Voraussetzung ist eigentlich nur die eigene Phantasie – und die setzen wir bei den Leserinnen und Lesern dieses Buches selbstredend voraus.

Spiele mit Licht und Farbe

Spiel mit farbigen Folien

Es gibt farbige Folien in vielen Farben. Sie werden – am besten in einem verdunkelten Raum – einfach auf den Tageslichtprojektor (Overheadprojektor) gelegt und schon erscheint eine riesige Fläche z. B. blauer Farbe an der Wand. Die Kinder können richtiggehend in diese Farbe eintauchen und sich rot, gelb, grün etc. bewegen: Es lassen sich spezielle Bewegungen und auch Tänze für die einzelnen Farben entwickeln, die sich schlagartig verändern, wenn eine neue Farbe aufgelegt wird.

Gerne suchen die Kinder Summtöne, die zu den einzelnen Farben passen. Man kann auch über Orff'sche Instrumente passende Melodien und Klänge suchen. Sehr spannend kann es sein, mit Gegenständen aus dem Raum, die Rhythmen oder Geräusche erzeugen, kombiniert mit der eigenen Stimme, eine Farbe neben dem optischen auch noch zum akustischen Erlebnis werden lassen.

Spiel mit dem Diaprojektor

Besonders attraktiv wirken farbige Gebilde, die man auf Diagläsern erzeugen kann. Wenn man Glück hat, besitzt jemand aus dem Bekannten- oder Elternkreis noch einen alten Diaprojektor, der von Hand bedient wird. Dort gibt es einen kleinen „Diaschlitten", in den man ein Dia steckt und vor die Linse rückt. Diesen Schlitten kann man herausheben. Nunmehr wird ein Zwischenraum frei, in dem man einfach Glasstreifen hin und herschieben kann. Wer sucht und nachfragt, treibt mit Sicherheit noch so einen Projektor auf. Wenn nicht, geht es auch mit einem automatischen Apparat. Hier müssen dann die genormten Diagläser aus dem Handel verwendet werden oder man lässt sich entsprechende Gläser zuschneiden.

Als Farben verwendet man transparente Farben, die am besten mit Wattestäbchen aufgetragen werden (Tauchlacke, Glasmalfarben) und die sehr ergiebig sind. Es gibt auch sogenannte Glühlampenlacke. Vorsicht, sie enthalten Lösungsmittel! Wenn man im Freien arbeitet, ist es nicht gefährlich, da man nur ein paar Tropfen braucht, die man am besten in Schraubdeckel gibt. Die Farben können „normal" aufgetragen werden – oder getropft, gequetscht, geschabt etc. Man kann auch etwas Alleskleber dazu geben. Dadurch wird das Bild plastischer. Auf alle Fälle entstehen fantastische, leuchtende Farbkompositionen, die man anschließend an die Wand projizieren kann. Der Erfolg ist vorprogrammiert. Kinder lieben diese Wunderbilder.

Es bietet sich an, damit anschließend ähnlich zu arbeiten wie bei den Farbfolien (s. o.). Besonders spannend können aber Farbgeschichten werden, die man allein oder mit den Kindern erfindet: „Was erlebt hier der gelbe Fleck?" – „Wem begegnet er, durch was muss er durch ...?"

Farbige Schatten

Meist erleben wir die Schatten schwarz. Das stimmt aber nicht immer. Wenn die Sonne sehr warm scheint, können sie ins Violette gehen, im Winter kennen wir blaue Schatten. Es wäre deshalb schon wert, die Schatten einmal genauer zu beobachten.

Man kann aber auch farbige Schatten künstlich erzeugen. Dazu braucht man verschiedene Taschenlampen, deren Glühbirnchen man in Glühlampenlack taucht – oder man klebt farbige Folien vor die Glasscheibe. Nun kann ich beispielsweise rotes Licht erzeugen. Und siehe da, ein rotes Licht bildet grüne Schatten, ein blaues orange, ein gelbes violette. Es ist immer ein Erlebnis, wenn ein Kind vor einer weißen Wand gestikuliert und dabei mit Taschenlampen in verschiedenen Farben und aus unterschiedlicher Höhe angestrahlt wird. Das ergibt vielfältige Schatten in den Komplementärfarben. Das kann zugleich eine faszinierende Basis für ein Schattenspiel mit einer Leinwand und entsprechender Musik sein. Auch beim Figurentheater lassen sich so interessante Effekte erzeugen.

Das ultraviolette Licht

Eine UV-Lampe ist nicht teuer. Man kann sie in eine normale Stehlampe einschrauben. Wenn nun verdunkelt wird, tauchen alle weißen Farben in einem magisch bläulichen Licht auf. Die anderen Farben verschwinden. Es gibt reflektierende Leuchtfarben, die bei UV-Beleuchtung lebendig werden. Bilder oder Kulissen, die mit diesen Farben bemalt werden, werden im UV-Licht erst so richtig lebendig. Die UV-Beleuchtung und die entsprechenden Wirkungen sind die Grundlage des sog. Schwarzen Theaters. (Eine gute Einführung in diese „magische" Theaterform mit vielen praktischen Tipps bietet: Friedrich Reinhardt / Ulrike Reinhardt: „Schwarzes Theater". Anleitung und Spielideen, München: Don Bosco 1991 – leider vergriffen.)

Der Regenbogen an der Wand

Wir hoffen sehr, dass Sie im Raum, in dem Sie mit Ihren Kindern arbeiten, ein Fenster haben, durch das die Sonne scheint. Am besten ist natürlich ein Südfenster. Dann besorgen Sie sich auf einem Flohmarkt oder in einem Lampengeschäft kleine Lüsteranhänger. Das sind Gläschen, die an den Seiten geschliffen sind. Sie haben eine kleine Öffnung, durch die man einen Faden ziehen kann. An diesem hängen Sie die Gläschen an das Fenster. Bei Sonnenschein werden Sie nun an verschiedenen Stellen der gegenüberliegenden Wand die Spektralfarben entdecken. Es ist wie eine Fülle von kleinen Regenbögen. Kinder halten gerne ein weißes Blatt Papier in den farbigen Lichtstrahl. Dann kommen die Regenbogenfarben ganz besonders intensiv zur Geltung. Sie lieben es auch, sich selbst die Farben ins Gesicht leuchten zu lassen. Die blaue Nase und das gelbe Ohr sind recht lustig.

Natürlich kann man Regenbogenfarben an der Wand auch ganz bewusst mit Glasprismen erzeugen. Sie sind nicht ganz billig beim Optiker erhältlich oder man kann sie sich vielleicht in der Schule (beim Physiklehrer) ausleihen. Die Spektralfarben selbst kann man auch gut auf einer CD bewundern.

Beobachten von Farben und Licht

Wir leben alle in einem fantastischen Lichttheater. Bei jedem Wetter, zu jeder Tageszeit ist das Licht, sind die Schatten anders. Dazu kommen die Farbveränderungen durch die Jahreszeiten. Es könnte eine regelmäßige, spannende Übung werden, wenn man die jeweils veränderten Farben bespricht: Welche Farben hat der Schnee, hat die Erde, der Nebel, die Dämmerung usf. Das kann uns und den Kindern helfen die Gegenwart intensiver zu erleben. Bald entdecken die Kinder: „Heute sind die Gegenstände wie geschnitzt und haben deutliche Farben." – „Das Licht ist hart, wie ein Scheinwerfer." – „Heute ist das Licht ganz weich, fast rötlich." – „Die Äste der Bäume bekommen andere Farben. Es wird langsam Frühling." – „Das Grün ist jetzt ganz anders geworden, irgendwie mehr spinatfarben" usw.

Farben entdecken

Erfinden von Farbnamen

„Die Farbe sieht aus wie … eine Kartoffel, wie Erbsen, wie der Kirschbaum, wie ein unreifer Apfel." Für Farben lassen sich ungezählte Assoziationsnamen aufführen. Die Kinder können gut selbst welche (er)finden. Das fördert die Genauigkeit der Wahrnehmung und einen genaueren Wortschatz. Der wiederum präzisiert die Wahrnehmung.

Text und Melodie: Dorothée Kreusch-Jacob

1. Hol dir ein Gelb aus der Sonne, hol ein Türkis aus dem See, hol dir ein Braun aus der Erde, hol dir ein Weiß aus dem Schnee.

Refrain
Mach die Augen zu, dann kannst du besser schauen. Komm, guck's dir mal von innen an, du kannst dir ganz vertrauen.

2. Hol ein Orange aus dem Apfel,
   hol dir ein Grün vom Baum,
   hol dir das Silber der Sterne,
   hol dir ein Gold aus dem Traum.
3. Hol dir ein Blau aus dem Himmel,
   hol dir das Dunkel der Nacht,

hol dir ein Lila vom Flieder,
spür, was ein Rot mit dir macht.
4. Mal deinen Regenbogen,
   schillernd, leuchtend und schön,
   schau, wie die Farben strahlen,
   nur du allein kannst ihn sehn!

(aus: Dorothée Kreusch-Jacob, „Mit Liedern in die Stille", Düsseldorf: Patmos 1996, S. 50)

Farben suchen

Wir gehen auf eine spielerische Entdeckungsreise. Welche Farben haben die Blumen unseres Gartens, die Erde, die Wiese ... Welche Farbe haben unsere Augen, unsere Haare, unsere Haut? Welche Farben haben wir in unserem Zimmer? Welche Farben haben unsere Kleider, Hosen, Schuhe usw.? Wir versuchen die Farben möglichst genau zu beschreiben.

Ich sehe eine Farbe, die du nicht siehst

Das alte Kinderspiel „Ich sehe was, das du nicht siehst" lässt sich bis in die größten Feinheiten hinein spielen. „Ich sehe was, das ist honiggelb, lindgrün, rostrot ..."

Farbgeschenke

Wer hat das schönste Geschenk?
„Ich schenke dir das Grün der Blätter im Frühling."
„Ich schenke dir das Rot der Mohnblumen."
„Ich schenke dir das Gelb des Kornfeldes."
„Ich schenke dir das Blau des Himmels an einem strahlenden Wintertag."
„Ich schenke dir das Blau eines klaren Bergsees."
„Ich schenke dir das Grün der Bäume nach dem Regen."
„Ich schenke dir das Rosa der Flaumfedern des Flamingos."
„Ich schenke dir das Violett des Meeres."
„Ich schenke dir das Schwarzbraun der Erde vor dem Fenster" ...

Text und Melodie: Dorothée Kreusch-Jacob

(aus: Dorothée Kreusch-Jacob, „Ich schenk dir einen Regenbogen", Düsseldorf: Patmos 1993, S. 76)

Wir legen eine Farbsammlung an

Wir nehmen uns die berühmte Bilderbuchfigur Frederick (von Leo Lionni) zum Vorbild: Es ist eine spannende Aufgabe Farben zu sammeln. Farbige Papiere, farbige Mineralien und Halbedelsteine, farbige Erden in Gläsern (es gibt sie von fast weiß bis schwarz in vielen Zwischentönen), farbige Tapeten aus alten Tapetenmusterbüchern (man bekommt sie geschenkt, wenn man sich im Malergeschäft rechtzeitig anmeldet). Besonders schön sind farbige Stoffmuster. Auch hier gibt es dicke Bücher, die jedes Jahr neu zusammengestellt werden. Also rechtzeitig ins Stoffgeschäft oder zur Schneiderin gehen. Diese Farben haben oft ganz besonders schöne Oberflächen. Falls es eine Kunstglaserei am Ort gibt, kann man um Farbglasabfälle bitten. Wenn man diese gegen das Licht hält, bekommen sie erst ihre eigentliche Leuchtkraft.

Farbe im Buch

Nicht nur mit dem Pinsel kann man Bilder herstellen, es geht auch mit Schere und Klebstoff, indem man eine Collage anlegt.
Kinder lieben Farbbilderbücher und sie können sie mit dieser Methode leicht selbst anfertigen. Dann gibt es das blaue Buch, das grüne, das schwarze, das graue, das rote usw. Schon der Umschlag kann so gestaltet sein, dass man weiß, welches Farbbilderbuch man in Händen hat.

Doch zuerst einmal steht das Sammeln an, z. B. für das „Gelbe Bilderbuch": gelbe Papiere und Stoffe; aus Illustrierten, Kalenderbildern, Reklamen wird alles, was gelb ist, ausgeschnitten: die Sonne, das Kornfeld, Zitronen, gelbe Kleider und Hüte, asiatische Mönche usw., usf. Alles wird eingeklebt und evtl. besprochen, bis das ganze Buch voll ist.

Kunstbetrachtungen

Nach diesen Vorübungen und nach den entsprechenden Farberlebnissen ist es nicht schwierig, Bildbetrachtung von Werken geeigneter Maler anzuschließen. So hat Yves Klein in seinen späteren Jahren speziell blaue Bilder gemalt, während Ruprecht Geiger nur noch rote Bilder schuf. Malewitsch malte das berühmte schwarze Quadrat. Viele abstrakte Maler widmeten sich Farbklängen. Manche Maler trieben die Farben an Grenzen, die Farben aggressiv werden ließen wie Günter Fruhtrunk, andere suchten wie Max Bill harmonische Farbzusammenstellungen. Viele Maler gruppierten ihre Farben um Hauptklänge herum, so etwa Vincent van Gogh (z. B. Das Kornfeld, Zypressen im Mistralwind, Die grünen Felder um Arles u. v. a.) oder Paul Gauguin, der in seinen Südseebildern Farben flächig anlegte, damit sie zum Klingen kamen. Es finden sich quer durch die Kunstgeschichte geeignete Werke der Malerei, aber auch Glasfenster, oder Räume, die sich vorzüglich für Kunstbetrachtungen nach dem Farberleben eignen.

Ein kleiner Tipp: Es kann sehr hilfreich sein, zu diesem Zweck Sammlungen von Kunstpostkarten anzulegen, die entsprechend thematisch strukturiert sind, z.B. verschiedene „blaue Bilder" usw. Wie man spielerisch mit Kindern die Bilder „großer Maler" betrachten und daraus vielfältige Impulse gewinnen kann, dazu finden Sie einige Anregungen und Beispiele in dem Buch von Rudolf Seitz: „Kunst in der Kniebeuge", München: Don Bosco 1997, S. 105ff.

Kunstwerke als Ausgangspunkt für eigenes Gestalten

Es gibt viele Maler, die sich mit Farbgesetzen auseinandergesetzt haben und mit ihren Werken Impulse für eigenes Gestalten geben können. Albers und einige Bauhauskünstler lieferten interessante Anregungen. Anregend sind auch die Pointillisten, die „Punktmaler". Sie mischen die Farben nicht auf der Palette, sondern im Auge: Das bedeutet, dass sie z. B.

kleine blaue und rote Punkte nebeneinander setzten. In einiger Entfernung wirken die Punkte zusammen violett. Nach einer Bildbetrachtung kann man selbst entsprechende Farbspiele aufbauen.

Der farbige Tag

Um einzelne Farben besonders hervorzuheben, kann man ihnen einen eigenen Tag widmen. Da gibt es dann beispielsweise den grünen Tag: Die Kinder werden gebeten grüne Kleidungsstücke zu tragen. Der Raum wird grün gestaltet (grüne Tücher, Zweige etc.). Wir erfinden das grüne Lied, ein grünes Gedicht, eine grüne Geschichte. Wir finden möglichst viele Namen für Grün. Wir gestalten ein Dschungelglasfenster aus grünen Seidenpapieren. Es gibt grüne Dinge zum Essen. Wir backen einen Kuchen und bemalen seine Glasur mit grünen Lebensmittelfarben. Gemeinsam komme Ihnen sicher viele, viele „grüne" Ideen.

Mit Farben malen und gestalten

Farben selbst herstellen

Naturfarben aus Absud
Es gibt etliche Möglichkeiten, Farben einfach selbst herzustellen, etwa indem man verschiedene Tees kocht und den verdickten Absud zum Malen verwendet. Hier kann nahezu grenzenlos experimentiert werden. Im Laufe der Zeit kann eine sehr schöne, zarte Palette entstehen. Die Kinder malen sehr

gerne mit selbst gemachten Farben – noch dazu, wenn sie auch noch Papier und Pinsel selbst gemacht haben. Im Folgenden seien einige Beispiele zur Anregung aufgezählt:

Fast *Weiß* erhält man mit verdünntem Aufguss von: Brennessel, Rotholz, Kamille, Ringelblumen, Bartflechte.

Gelblich bis Gelb: Gelbholz, Ringelblumen (sehr eingedickt), Tee und Cola, Zwiebelschale, Schafgarbe, Hagebutte, Pefferminze, Lindenblüten, Krappholz, Brusttee, Kräutertee, dünner Schwarztee.

Rötlich bis Rot: Rote Rüben, Rote-Grütze-Tee, Kaskade, Blümlitee, Malventee, Rotholz, Blauholz/Hollunder/Kaskade.

Bräunlich bis Dunkelbraun: Schwarzer Tee, Walnuss, Heidelbeere, Kaffeesatz, Henna, Malve/schwarzer Tee, Malve/Krappwurzel, Blauholz/Hollunder, Blauholz/Rote Rüben, Erkältungstee/Malve/Apfel/Hagebutte, Apfelgelee.

Orange: Krappholz, Schwarztee, Hagebuttentee.

Violett: Malve, Blauholz, Malve und Pfefferminze. Einfach weiter experimentieren!

Erdfarben

Zuerst sammeln wir verschiedenfarbige Erden. Überall gibt es Abstufungen. Im Urlaub sollten wir deshalb am besten Frischhaltetüten mit Verschluss dabei haben, denn hier finden wir oft Farben, die es zu Hause nicht gibt. Manche Farben sind nach der Umgebung benannt, in der sie vorkommen, z. B. Siena, Umbra (aus Umbrien). Es gibt grünliche Erden, rostrote und blauschwarze ...

Die Erde wird in einem Mörser zerdrückt und mit Wasser zu einem dicken Brei verrührt. Nun mischt man im Verhältnis 1:1 dicken Tapetenkleister zu dem Farbbrei. Man kann auch etwas Kunstharzbinder dazu geben. Das macht die Farbe geschmeidiger und sie bröckelt nach dem Auftrocknen nicht ab. Auch etwas Spiritus erleichtert das Malen. Erdfarben sind gut geeignet, um die Landschaften in Naturfarben zu malen.

Tusche und Tinte

Die alten Meister machten sich auch die Tuschen und Tinten selbst. Sie schabten den Ruß, der im Kamin an der Wand oder innen in Holzöfen haftet, ab, kochten ihn auf und erhielten so Tusche. Wenn die Farbe mehr rötlich wurde, nannten sie die Flüssigkeit Bister. Auch hier kann man zusammen mit Gelbholz, Rotholz oder Blauholz Tinten in verschiedenen Farbtönen erhalten. Gekochte Galläpfel (Auswüchse an Pflanzen) ergeben eine schöne, kräftige Farbe. Man sprach früher auch von Eisen-Gallus-Tinte.

Farbpigmente

In manchen Geschäften erhält man noch Farbpigmente. Diese lassen sich sehr gut auf einer Glasplatte in kleinen Mengen mit Öl vermischen. Die Pigmente werden wie die Erdfarben angerührt und so weit verdünnt, dass sie gut malbar sind. Hier ist ein Kunstharzbinder besonders gut. Er macht die Farbmasse geschmeidig (z. B. Caparol – einfach im Malergeschäft erfragen. Das Mischverhältnis ist jeweils angegeben).

Kleine Charakteristik der käuflichen Farben

Tuschen und Tinten

gibt es in vielen Farben. Gute Ergebnisse werden mit wasserlöslichen Holzbeizen erzielt. Sie werden in Pulverform gehandelt. Mit kochendem Wasser aufgegossen halten sie – in Flaschen abgefüllt – nahezu ewig.

Temperafarben

sind deckende Farben, die in Malblöcken, Malpucks, Malschalen, in Tuben, Flaschen und in Malkästen gehandelt werden. Es gibt sie als pastose (breiige) und feste Farben, die jeweils durch Wasser verdünnt und malbar werden.

Zu den pastosen Farben gehören auch die Fingerfarben.

Für die kleineren Kinder reichen sechs Farben völlig aus: Rot, Blau, Gelb, ein kräftiges Grün sowie Weiß und Schwarz.

Mit zunehmender Fähigkeit zur Farbdifferenzierung sind auch noch Kalt-warm-Unterscheidungen nötig. Hier sind Kästen mit zwölf Farben richtig.

Sollten auch noch Gold und Silber enthalten sein, wird das von vielen Kindern sehr geschätzt, weil man doch neben den „normalen" Farben jetzt auch noch „wertvolle" hat. Die geradezu „waffenscheinpflichtigen" Kästen mit bis zu 48 Farben sind dagegen reine Angebersache. Sie bringen nichts, da man sie gar nicht ausnützen kann. Vor allem lernt man nicht zu mischen, wenn die Farben schon da sind.

Dispersionsfarben

werden in Plastikflaschen gehandelt. Diese Kunststofffarben haben den Vorteil, dass man damit großflächig arbeiten kann. Die Farben decken gut, lassen sich gut vermalen und mischen und halten überall bestechend gut. „Überall" ist dabei ein ernst zu nehmendes Wort – denn die Farben scheinen Kleider zu bevorzugen. Für uns bedeutet das, dass die Kinder entsprechend gekleidet sein müssen. Also Malkittel, keine zu empfindlichen Schuhe, Hemden, deren Ärmel hochgekrempelt werden können. Geeignete Kleidung gilt aber für alle Arten von Malübungen, vor allem für die Farbexperimente.

Aquarellfarben

sind transparente Farben. Sie sind besonders leuchtend, da das Licht auf dem Papier durch die Farben hindurch reflektiert wird (währen sie bei Temperafarben an der Oberfläche reflektiert wird). Sie werden schnell schmutzig oder grau, wenn man sie übereinander malt, da sich die Farben addieren. Bei Temperafarben dagegen zählt immer die letzte, oberste Schicht; dadurch lassen sich leicht Korrekturen anbringen.

Die handelsüblichen Farbstifte, Pastellkreiden, Öl- und Wachsmalstifte, Kohlestifte, Filz- oder Faserstifte haben jeweils ihre besonderen maltechnischen Möglichkeiten, sie seine der Bekanntheit wegen hier aber nur kurz erwähnt. Ansonsten gilt hier wie für alle anderen Farben auch: Einfach ausprobieren und experimentieren!

Wir malen die Geschichte einer Farbe

Malend können wir beispielsweise wunderbar die Abenteuer des roten Flecks gestalten.

- Der rote Fleck wächst in einer ganz ungewöhnlichen Umgebung auf. Es gibt Formen und Farben, die man nicht erwartet.
- Der rote Fleck ist ins Wasser gefallen. Blau, blaugrün, violett ist das Wasser und mittendrin der rote Fleck.
- Der rote Fleck geht nachts durch eine bedrohliche Umgebung. Überall stehen in der Dunkelheit Spitzen hervor und gefährden den roten Fleck.
- Der rote Fleck wandert durch dichten Regen. Überall fließt das Regenwasser herunter. Der rote Fleck ertrinkt fast in den Fluten.
- Der rote Fleck läuft durch ein gefährliches Gewitter. Dunkelste Wolken bedrohen ihn. Die Blitze verästeln sich nach allen Seiten.
- Der rote Fleck wandert mit seiner Freundin (gleich zu gleich gesellt sich gerne – oder Gegensätze ziehen sich an?) spazieren. Er hat sich sehr schön geschminkt.
- Der rote Fleck unternimmt Reisen. Er reist durch den Urwald. Er erlebt in der Wüste einen Sandsturm. Er wandert durch die Arktis (lauter Blautöne). Er erlebt die farbige Fauna unter Wasser. Er kreist durch das Reich der Planeten.
- Der rote Fleck hat Freunde und Feinde. (Man erkennt sie an den Farben und den Formen. Farbfamilie und Kontrastfarben. Runde Formen und andere.)
- Der rote Fleck hat geheiratet und sitzt mit seinen vielen Kindern, älteren und jüngeren, auf einer grünen Wiese.
- Der rote Fleck wird alt und runzelig. Die Farben wirken ausgeblichen (auswaschen oder abradieren).
- Der rote Fleck ist gestorben und wird beerdigt.
- Der rote Fleck verschwindet im All – usw. usf.

Wir malen das Porträt einer Farbe

Wir malen das blaueste Blau, das es gibt (keine zu großen Formate – etwa Postkartengröße). Wir malen das roteste Rot, das gelbste Gelb, das grünste Grün, das violetteste Violett, das orangeste Orange. Der Maler Hans Marek aus München, sagt: „Ich male eine Farbe, bis sie zu mir spricht." Dazu gehört das Atmen, der Glanz, die Mattigkeit einer Farbe. Manchmal erreicht man das, indem man dünne, lasierende Farbschichten übereinander malt.

Im Mischen steckt erst die Würze

Die Farbe im Teller

Diesen Versuch kann man besonders gut mit kleinen Kindern durchführen. Sie lieben ihn sehr. Auf einen weißen Teller wird aus Flaschen mit pastosen Farben z. B. ein Häufchen Gelb und ein Häufchen Blau gegeben. Man spricht zunächst über die einzelnen

Farben. Die Kinder sollen nun beobachten, was passiert, wenn sie mit einem Pinsel „umrühren": Eine neue Farbe ist entstanden.

Die Teller werden ausgewaschen, und ein neuer Versuch wird gestartet. Die Kinder sollen selbst wählen, mit welchen Farben sie neue Farberfahrungen machen möchten.

Die Farbe im Becher

Dazu brauchen wir durchsichtige Partyplastikbecher. Sie sind sehr preiswert in Kaufhäusern zu haben. Die Kinder sollen die Becher zu zwei Dritteln mit Wasser füllen und dann so viel Farbe mit dem Pinsel einrühren, dass eine eindeutige Farbe entsteht. Alle verfügbaren und auch die Mischfarben kann man so in den Bechern aufleuchten lassen. Es ist wie ein kleines Blumenbeet. Vor allem gegen das Licht, z. B. auf dem Fensterbrett, beginnen sie zu leuchten. Nun können die Kinder beginnen durch vorsichtiges Umschütten die Farben zu verändern. So entstehen viele neue Mischfarben. Die Kinder können dabei zusammenarbeiten und sich beraten oder das Ergebnis entsprechend begutachten.

Die Farbe im Fenster

Von Zeit zu Zeit sollte man farbige Folien mit Klebestreifen ins Fenster hängen, damit die Kinder beim Durchschauen die gewohnte Umgebung einmal in Rot, Blau, Gelb oder Grün sehen können. Das Erstaunen ist oft groß. Mit diesen Folien kann man auch sehr gut Mischungen herstellen. Wenn ich eine rote und eine blaue Folie hintereinander lege oder ins Fenster hänge, erhalte ich Violett. Man sollte die Folien aber so weit auseinander ziehen, dass links z. B. das Rot und rechts das Blau ohne Überdeckung deutlich macht, dass erst die Überlappung das Violett ergibt.

Das geht auch mit farbigem Seidenpapier, das man hintereinander klebt. Die Farben sind nicht so deutlich wie bei den Folien, die Mischungen sind aber auch so erlebbar. Vor allem lassen sich mit Seidenpapieren schöne „Glasfenster" gestalten, wenn man vorher mit durchsichtigen Klebestreifen auf der Glasscheibe transparente Papiere, wie sie beim technischen Zeichnen verwendet werden, aufklebt – oder einfach Butterbrotpapier von der Rolle.

Die Farbe im Malkasten

Zunächst besorgt man kann sich einen dicken Block mit Notizblättern (mit quadratischen Papieren mit etwa einer Handbreite Seitenlänge).

Dann kann unsere streng geordnete, „wissenschaftliche" Versuchsreihe beginnen. Zuerst werden die Farben auf die Papiere gemalt, wie sie im Farbkasten zu finden sind. Nun wird die erste Farbe mit der zweiten gemischt, dann mit der dritten, dann mit der vierten. Die Arbeit kann natürlich auf mehrere Personen aufgeteilt werden. Die Ergebnisse werden sortiert und wiederum „wissenschaftlich" ausgewertet: „Wie ist diese Farbe entstanden?" usw.

Die Farbblüte

Ein Bogen weißes Papier (nicht zu dünn!) wird mit dem Schwamm ganz feucht gemacht. Nun gibt man mit dem Pinsel oder (bei Tinten und Tuschen) mit einer Pipette einen Tropfen Farbe auf das Papier. Als Pipette eignet sich auch ein Strohhalm, den man in die Farbflüssigkeit taucht und dann mit dem Zeigefinger oben abdichtet. So kann Farbe herausgehoben werden. Auf dem Papier breitet sich der Farbtropfen nach allen Seiten aus und bildet eine wunderschöne Blüte. Das Blatt kann durch weitere Tropfen in verschiedenen Farben gestaltet werden. Ein zerknülltes und wieder ausgebreitetes Blatt ergibt neue Strukturen. Spannend wird es, wenn sich verschiedene Farbblüten mischen und durchdringen. Wenn man ein Blatt darauf legt, kann man die Blüten abdrucken. Man wird auf diese Weise beispielsweise seine „blauen Wunder" erleben.

„Geheimer" Farbzauber

Wenn man das Blatt mit einer Salzlösung nass macht und einen Tropfen Tusche darauf gibt, entstehen ganz andere Farbblüten. Farbflächen, vor allem aus Naturfarben, verändern sich, wenn man etwas Zitronensaft darauf träufelt. So wird man schnell zum Farbzauberer.

Mit Zwiebel- oder Zitronensaft kann man zunächst „unsichtbare" Briefe schreiben. Auf der Heizung oder in der Sonne erscheint die Schrift bräunlich (oder mit dem Bügeleisen darüber fahren) und man kann sie nun lesen. So kann man geheime Zeichnungen oder Geheimbriefe anfertigen.

Der Farbregen

Das ist ein Farbspiel, das man am besten im Freien durchführt. Auf ein großes Blatt werden Farben mit dem Pinsel gespritzt. Man hat das bald heraus, wie kleinere Tropfen und größere entstehen, wie man Spritzspuren und Spritzflächen anlegt. Wenn man den Pinsel wie chinesische Essstäbchen hält und am hinteren Ende mit dem Zeigefinger „schnalzt", schlägt die Spritzspur einen Haken (vgl. Foto S. 60). Mit verschiedenen Farben können reizvolle Farbregenbilder entstehen. Am besten schneidet man am Schluss das große Blatt in kleinere zurecht. Sie wirken dann besser.

Die „gefürchteten" Farbbeutel

Im Freien wird eine größere Holztafel aufgestellt und mit einem großen Papierbogen bespannt. Dann füllen wir flüssige Farbe in Papiertüten und schleudern sie mit voller Wucht auf den großen Papierbogen. Die Tüten zerplatzen und es entstehen Spritzspuren nach allen Seiten, die allmählich herunterrinnen. Gemischt mit Spritzspuren von Pinseln (s.o.) ergeben sich richtige Farborgien, die Kindern und Erwachsenen Spaß machen.

Die farbigen Flüsse

Wenn man flüssige Farben (z. B. farbige, wasserlösliche Holzbeizen) in Becher füllt, kann man sie vorsichtig über eine weiße Papierfläche herunterrinnen lassen. Auch bei dieser Technik arbeitet man am besten im Freien auf einer alten Tischplatte, die man leicht schräg stellt. Dann fließen die Farben sehr langsam und der Flusslauf verästelt sich. Wenn man die Platte dann mehr in eine andere Richtung neigt, können die Verläufe umgelenkt werden oder man kann farbige Wasserläufe querfließen lassen. So entsteht allmählich ein dichtes und lustiges Geflecht. Derartige Fließgebilde können auch sehr gut in Deckeln von Schuhschachteln angelegt werden.

Die gepusteten Wundergebilde

Man braucht dazu flüssige Farben und ein Blatt nicht zu dünnes weißes Papier. Mit einer Pipette oder dem Strohhalm werden Farbkleckse aufs Papier gesetzt. Mit dem Strohhalm können nun die Kleckse auseinander gepustet werden. Man kann auch einzelne Verästelungen verfolgen und ihre Farbe vorwärts schieben. Durch den Neigungswinkel des Strohhalmes lässt sich der Verlauf zudem gestalten. Wenn der Halm senkrecht von oben knapp über den Klecks gehalten wird und man plötzlich sehr heftig bläst, dann stiebt die Farbe nach allen Seiten auseinander. So entstehen Wunderpflanzen

mit Blüten oder abenteuerliche Tiere mit bizarren Haaren und Hörnern (vgl. a. S. 60). Zum Blasen eignet sich auch besonders gut das abgeschraubte vordere Teil eines Kugelschreibers. Er wirkt wie eine Kompressionsdüse, da sich die Form nach vorne verjüngt. Das erhöht die Blasgeschwindigkeit erheblich.

Die wundersame Verdoppelung der Formen

Das Papier wird auf der Längsseite so gefaltet, dass zwei gleiche Hälften entstehen. Auf der einen Seite werden (wie oben) Kleckse oder Pustespuren angebracht. Nun wird die andere Papierhälfte einfach darüber geklappt und mit dem Daumenballen darüber gestreift. Wenn wir jetzt die beiden Hälften auseinander ziehen, ist die Farbe umgedruckt worden und hat unter Umständen in sich Quetschstrukturen. Der Vorgang kann mit verschiedenen Faltungen so oft wiederholt werden, bis man mit dem Ergebnis zufrieden ist. So lassen sich wunderschöne Schmetterlingen malen und drucken. Manchmal kann man auch ein Ratespiel daraus machen. Die Form sieht aus wie ... (ähnlich wie beim Bleigießen an Silvester).

Heute sehe ich die Dinge mehrfach

Man braucht dazu eine alte Zahnbürste, ein Sieb und Temperafarben. Das Kind schneidet aus festem Papier oder dünnem Karton eine Form aus (z. B. eine Katze) und legt sie auf ein Blatt Papier. Nun wird mit einem Pinsel und Wasser die Temperafarbe angeweicht. Die Zahnbürste wird jetzt so lange auf der Farbe gerieben, bis sie voller Farbe ist. Das Kind hält dann das Sieb über das Papier mit der Schablone und reibt mit der Zahnbürste im Sieb hin und her, bis das Blatt um die Schablone mit vielen feinen Pünktchen und Spritzern bedeckt ist. Jetzt kann die Schablone mehrmals verschoben werden und das Spritzspiel beginnt von neuem. Die Wirkung ist erstaunlich. Auch die „Großen" haben sich dieser Technik bedient: So hat der Maler Paul Klee sehr schöne Schablonenbilder angefertigt (z. B. „Maske mit Fähnchen").

Es geht auch ohne Pinsel

Die einfachsten Pinsel sind unsere Finger. Viele der pastosen Farben lassen sich mit den Fingern „vermalen". Wenn man etwas mehr Farbmasse auf das Papier gibt, lässt sich die Farbe auch spachteln. Dazu schneidet man festere Pappe in verschieden breite Streifen. Damit lässt sich nun die Farbe schieben, verstreichen, übereinander ziehen. Regelrechte Farbschlachten lassen sich damit durchstehen, aber auch gezielte Gestaltungen eines Themas.

Man kann die Techniken Spachteln und Malen natürlich auch mischen. Ein echter Maler lässt sich in der Technik nie so genau festlegen. Er besitzt deshalb auch ein Sortiment verschieden geformter, kleiner Metallspachtel zum „Malen". Vielleicht können die Kinder bei einem Atelierbesuch oder in einem Spezialgeschäft diese kleinen Instrumente bewundern.

Das gekratzte Bild

Die einfachste Kratztechnik besteht darin, dass ich mit Temperafarben auf eine Glasplatte male und mit einem Stift, einem Stöckchen, einem spitzen Stück Pappe hineinzeichne. Ich schiebe förmlich die Farbe auf die Seite. Die blanke Glasplatte ist wieder zu sehen. Wenn ich nun ein Blatt Papier auf die Farbfläche lege und mit der Handkante oder dem Daumenballen darüber streiche, erhalte ich einen Abdruck. Das geht jeweils nur einmal, deshalb heißt diese Drucktechnik auch Monotypie. Die auf der Glasplatte herausgekratzte Zeichnung steht jetzt weiß inmitten der abgedruckten Farben auf dem Papier.

Die eigentliche Kratztechnik (Sgraffito) geht aber anders. Es wird ein Blatt Papier mit Temperafarben oder mit flüssigen Farben bemalt. Die gesamte Fläche wird nun mit Wachsmalkreiden überzogen. Am wirkungsvollsten ist eine einheitliche, u. U. dunkle Farbe. Mit der Spitze einer Nagelfeile oder dem beigelegten Kratzinstrument wird nun in die Wachsfläche hineingezeichnet. Die herausgekratzten Linien haben die untermalten Farben. Das kann zu recht schönen Ergebnissen voller Überraschungen führen.

Bitte beachten: Die herausgekratzten Wachs-
teilchen sind der Kummer der Putzfrauen!
Deshalb Zeitungen unterlegen.

Das versteckte Bild

Die Absprengtechnik arbeitet damit, dass
manche Farben wasserlöslich sind, andere
nicht.
Das einfachste Beispiel geht so: Mit Deckweiß (nicht zu dünn nehmen) wird eine
Zeichnung auf Papier gemalt. Wenn die
Zeichnung gut durchgetrocknet ist, wird das
Ganze mit schwarzer Tusche bedeckt. Ist
diese wiederum getrocknet, hält man das
Blatt unter Wasser und reibt vorsichtig mit
den Fingern. Durch die nicht wasserlösliche
Tusche dringt das Wasser zum Deckweiß
durch und löst dieses an. Das Deckweiß wird
weich und sprengt die darüber liegende Tuscheschicht ab. Plötzlich steht die Zeichnung
weiß auf schwarzem Grund.
Die Technik kann auch differenzierter ange-
wendet werden. Wieder wird mit Deckweiß
gezeichnet. Dann überzieht man die Zeichnung z. B. mit gelber, nicht wasserlöslicher
Tusche. Nun kann auf der neuen Schicht mit
Deckweiß weitergezeichnet werden, wobei
auf die untere Zeichnung Bezug genommen
wird – das ist gar nicht schwer, denn man
kann diese ja fühlen. Jetzt könnte z. B. blaue
Tusche darüber gezogen werden. Danach
kann man wiederum mit Deckweiß weiter-
zeichnen. Als letzte Schicht sollte eine dunkle Farbe verwendet werden. Wenn man nun

das Ganze unter Wasser hält, tauchen die verschiedenen Farbschichten als weiße, gelbe,
grüne (= Gelb und Blau gemischt) Zeichnung auf. Diese Technik heißt Papierbatik.
Natürlich kann – statt mit Deckweiß – auch
mit anderen pastosen Farben experimentiert
werden. Sie müssen aber dick genug aufgetragen werden, damit sie die Kraft haben, die
Tuscheschicht abzuheben.

Die farbigen Tanzspuren

Am Rand des Bodens eines Jogurtbechers
wird ein feines Loch angebracht. Unter dem
oberen Rand befestigt man eine Schnur von
etwa 50 cm Länge. In den Becher wird z. B.
farbige Holzbeize gegossen. Das „Ausfluss-
loch" muss so fein sein, dass die Flüssigkeit
nur in einem dünnen Rinnsal durchkommt.
Nun brauchen wir einen großen Bogen Papier. Das Kind nimmt das Schnurende und
läuft oder tanzt (nach Musik) über das Papier.
Die Choreographie seiner Bewegung ist auf
dem Blatt sichtbar.
Wenn nun verschiedene Kinder mit unterschiedlichen Farben über das Papier laufen,
entsteht ein beeindruckendes Gemein-
schaftswerk, bei dem im Tanzen „gemalt"
wurde.

Das geschüttete Mandala

In Jogurtbecher wird feiner Sand gegeben,
der vorher mit Batikfarben oder Holzbeizen

eingefärbt wurde. Mit diesem verschiedenfarbigen Sand können Flächen und Muster geschüttet werden. Die Kinder können beispielsweise mit einer Schnur (an der an beiden Enden ein angespitzter Stab befestigt ist, so dass man ihn als Zirkel verwenden kann, wenn das eine Stöckchen in die Erde gesteckt wird) ein – mandalaartiges – Muster konstruieren und mit dem farbigen Sand entsprechend ausgestalten.

Die verschiebbare Farbe

In einem Eimer oder einer Schüssel wird Tapetenkleister angerührt. Damit bestreicht man ein festes Blatt Papier. Darüber zieht man pastose Temperafarben. Sie werden mit den Fingern oder einem breiten Pinsel aufgetragen. Jetzt kann man die Farbe beliebig verschieben (mit den Fingern oder einem Pinsel). Alte Kämme oder entsprechend zugeschnittene Pappen (z. B. „unsere" Spachtel aus der Übung „Es geht auch ohne Pinsel", S. 83; Pappen mit Sägezähnen oder anderen eingeschnittenen Profilen) lassen weitere, spannende Gestaltungsmöglichkeiten zu.
Diese sogenannten Kleisterpapiere sind begehrte Papiere zum Überziehen von Pappen beim Buchbinden.

Meine Farbe schwimmt

Für diese Technik, die aus dem Orient stammt und mit der man schön verzierte Papiere herstellen kann (man nennt sie deshalb gerne „türkische Papiere"), braucht man ein paar Utensilien: ein flaches Gefäß, z. B. ein altes Backblech, ein Tablett oder eine flache Plastikwanne, wie sie im Fotolabor verwendet wird, außerdem Tapetenkleister, Borstenpinsel, evtl. Pipetten, Ölmalfarben (wenigstens zwei oder drei Farbtöne), Terpentinöl, gutes Papier (z. B. Ingres-Bütten), Seifenspiritus aus der Apotheke und Ochsengalle (gibt es im Farbengeschäft).
Der Tapetenkleister wird dünnflüssig angerührt (am besten am Vortag, dann zieht er besser durch und die Luftbläschen entweichen). Er wird als flüssiger „Malgrund" in die Schale gegeben. Die Ölfarbe wird so lange mit Terpentinöl vermischt, bis sie sehr dünnflüssig ist. Die am beste geeignete Konsistenz lässt sich leicht durch ein wenig Herumprobieren herausfinden. Man kann die Farbe gut mit einem Pinsel auftropfen lassen oder eine Pipette benutzen. Schließlich schwimmt eine Farbschicht auf dem flüssigen Tapetenkleister. Mit einem Stäbchen können die Farben in Bewegung gebracht werden, bis sie wie Marmor wirken (daher auch: „marmorierte Papiere"). Sollte die Farbe sich nicht gut auf der Oberfläche ausbreiten, kann Ochsengalle oder Seifenspiritus beigeben werden, bis das Mischverhältnis stimmt.
Wenn einem die Farboberfläche gefällt, wird ein Bogen Ingres-Büttenpapier darüber gelegt, leicht angedrückt und vorsichtig abgehoben. Das marmorierte Papier muss nun unter fließendem Wasser so lange abgewaschen werden, bis alle Kleisterspuren ver-

schwunden sind. Zum Trocknen kann man die Papiere zwischen Zeitungen aufschichten oder einfach auf einer Wäscheleine aufhängen, bis sie trocken sind. Von links gebügelt werden die Papiere schön glatt. Sie sind vor allem beim Buchbinden sehr beliebt.

Meine farbigen Papiere

Wir brauchen dazu wiederum ein flaches Gefäß (s. o.). Es wird zur Hälfte mit farbiger Holzbeize oder selbst gemachten flüssigen Farben gefüllt. Nun legt man Papier Blatt für Blatt in die Farbe und drückt sie nach unten, damit die Flüssigkeit oben drüber fließen kann. Nach ein paar Stunden können die Papiere herausgenommen und getrocknet werden. Scheinbare Färbefehler (Flecken, weiße Stellen) sind hinterher oft sehr anregend. Da macht es dann Spaß, auf diese selbst gefärbten Papiere zu zeichnen und zu malen. Man kann sicher sein, dass man solche Papiere nicht kaufen kann: Es sind eben meine Papiere und meine Farben.

Farbe auf unserer Haut

Nicht nur in der Mode suchen Frauen nach dem geeigneten Lippenstift, dem richtigen Lidschatten, der passenden Wimperntusche, dem Rouge für die Wangen. Körperbemalung gab und gibt es seit uralten Zeiten. Es gibt hinreißend schöne Beispiele hierfür bei Eingeborenenstämmen, bei den Aborigines in Australien, im Theater in Asien, in Südamerika, bis hin zum Bodypainting. Nach dem Betrachten entsprechender Bilder kann man sich oder den Freund und die Freundin mit Schminkfarben bemalen und anschließend fotografieren.

Mit bemalten Händen und Fußsohlen lassen sich auch wunderschöne Spuren drucken. Eine Gemeinschaftsarbeit mit verschiedenen Farben kann viel Spaß machen. Voraussetzung ist eigentlich nur, dass entsprechend viel großformatiges Packpapier oder Makulaturpapier (am besten in Rollen) vorhanden sind – und viel „unempfindlicher" Platz, daher am besten im Freien durchführen (s. a. Foto S. 96).

Das Spiel mit den Farbkarten

Zeichnen lernt man nur durch Zeichnen, Malen lernt man nur durch Malen, den Umgang mit Farben lernt man am besten, indem man mit Farben umgeht!

Mit jedem Bild, das man malt, mit jeder Farbe, die man aussucht, mit jedem Farbklang, den man zusammenstellt, wachsen einem Erfahrungen zu. Man lernt die Ausdrucksqualität von Farben kennen, studiert ihre Freunde und die entfernteren Verwandten, erfährt, mit welchen Farben ein Klang entsteht und wann es scheppert, d. h. wann ein Missklang entsteht. Man spürt den Atem der Farben, ihre Atmosphäre, ihr Umfeld. Man erfühlt, welche Farben einem wohltun und welche nicht, mit welchen man leben und wohnen möchte und welchen man lieber aus dem Wege geht. Diese Erfahrungen helfen einem, den Ausdruck eines Bildes zu steigern oder Bilder in ihrer Stimmung und ihrer Wirkung zu analysieren. Man richtet sich vielleicht anders ein, wohnt und kleidet sich vielleicht anders, schminkt sich vorteilhafter. Mit Sicherheit wird man seine Umgebung kritischer beobachten, auch da, wo Farbe psychologisch raffiniert eingesetzt wird wie in der Werbung. Farben können einen glücklich machen und eine bedrückte Stimmung heben. Wie freuen wir uns über einen blauen Himmel, satte grüne Wiesen, Blüten an den Bäumen und Blumen auf dem Boden nach einer längeren Zeit, in der alles grau in grau war: Regen, Nebel, Kälte und keine Sonne. Zu all dem brauchen wir unsere Sinne – und Glück wird über die Sinne erfahren.

Das Spiel mit den Farbkarten besteht aus 144 Farben. Sie wurden bewusst so zusammengestellt, weil sich so in vielerlei Hinsicht Spielmöglichkeiten ergeben. Die Auswahl war schön und traurig. Schön, weil allein schon das Umgehen mit den Farben Spaß machte, das Erproben von Klängen, von Hell-Dunkel-Steigerungen, von Kalt-Warm-Temperaturen, von Kontrastprogrammen. Es war eine Lust, die Farben immer wieder aufzulegen, Bilder, Reihen, Muster aufzubauen. Traurig war die Auswahl, weil es eigentlich unmöglich ist, unter so vielen möglichen Farben doch so viele wegzulassen, die alle schön und in ihrer Weise liebenswert sind.

Aber natürlich mussten wir für dieses Buch eine begrenzte Auswahl treffen und haben schließlich aufgrund unserer vieljährigen Erfahrung nach einer längeren Phase der Erprobung diese 144 Farben ausgewählt, die einen guten Querschnitt durch das Farbenspektrum geben und in ihrer Bandbreite viele interessante Kombinationen zulassen.

Der Start ist denkbar einfach: Sie brauchen nur die 144 Farbfelder auf den zwölf dem Buch beigefügten Blättern auszuschneiden, und schon kann es losgehen. Wer sich aber jetzt schon Sorgen macht, wo er die Farbtäfelchen dann unterbringt, für den geben wir vorab eine Faltanleitung für eine hübsche kleine Schachtel, in der Sie die Farbkärtchen dann sicher bis zum nächsten Spiel aufbewahren können. Sie benötigen dafür zwei quadratische Bögen Papier mit einer Seitenlänge von ca. 25 × 25 cm. Die Anleitung finden Sie auf Seite 94.

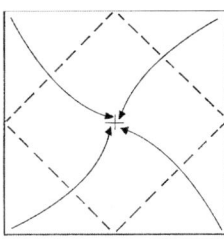 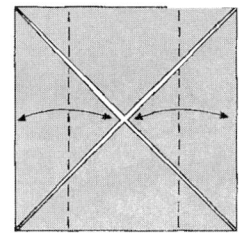 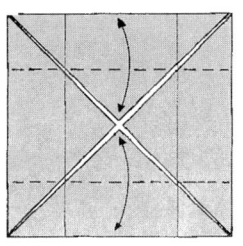 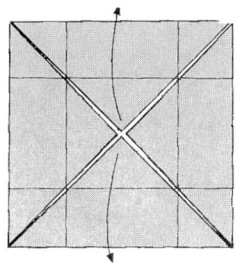

1. Mitte markieren (einmal längs und einmal quer falten). Wieder entfalten. Die Spitzen zur Mitte falten.

2. Die seitlichen Kanten zur Mitte falten und entfalten.

3. Die obere und untere Kante zur Mitte falten und entfalten.

4. Zwei gegenüberliegende Spitzen nach außen falten.

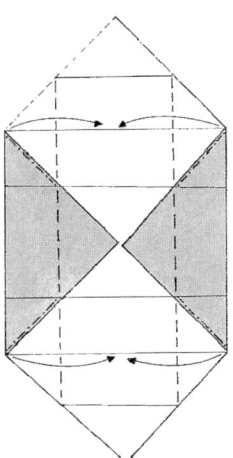 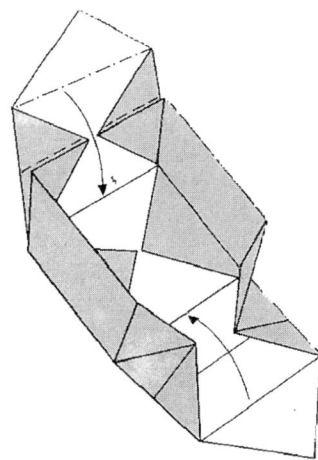 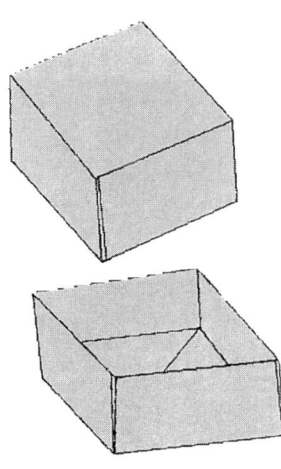

5. Berg- und talfalten im angegebenen Bereich.

6. Die Spitzen im angegebenen Bereich nach innen falten.

7. Der Schachteldeckel ist fertig! Für den Boden das Quadrat etwas kleiner schneiden.

(© Atelier René Lucio und Jan Spütz, München; viele weitere bunte Faltideen für Kinder finden Sie in dem Buch: R. Lucio/ U. Geisler/ J. Spütz, „Verzaubertes Papier". Origami für Kinder, München: Don Bosco 1997)

Die Spieler werden natürlich beim Farbenlegen und Experimentieren immer wieder entdecken, dass ganz genau die Farbe, die sie gerade suchen, doch nicht aufzufinden ist und deshalb mit Näherungswerten arbeiten. Wer möchte, kann das Farbenset aber auf eigene Faust erweitern und sich so noch nuanciertere Spielmöglichkeiten schaffen. Zu diesem Zweck kann man sich bei Druckereien, Malergeschäften, Raumausstattern etc. evtl. alte Farbkataloge besorgen, die Farben ausschneiden und, wenn man eine größere Stabilität und Festigkeit wünscht, Pappkärtchen damit bekleben. Und wer es griffiger, stabiler und sinnenreich-handfester haben möchte – was besonders bei häufigerem Gebrauch und beim Spiel mit Kindern zu empfehlen ist, kann das Spiel mit den 144 Farben dieses Buches ab 1999 auch in einer soliden und ansprechenden Holzausführung der Firma Dusyma erhalten (Haubersbronner Str. 40, D-73614 Schorndorf).

Farbordnungen

Das Sortieren der Farben

Wenn man die Farbkarten auf dem Tisch ausbreitet, ergibt sich ein großes Farbfeld. Wahrscheinlich ist zunächst keinerlei Ordnung erkennbar. Man ist einfach neugierig, wie vielerlei und welche Farben zur Verfügung stehen. Vielleicht ergeben sich auch gleich Nester, die von zufällig verwandten Farben gebildet werden. Das lässt sich ausbauen. Sie werden sehen: Wo und mit wem auch immer Sie die Farbkärtchen präsentieren: Sie brauchen eigentlich gar keine Worte dazu zu verlieren. Wie von selbst greifen die Teilnehmer zu und werden versuchen, Farbordnungen zu legen und zu komponieren! Deshalb lassen sich damit auch sehr gut gruppendynamische Prozesse unterstützen.

Viele Farben haben noch mehr Namen

Man kann nicht alle Farben, die irgendwie gelblich sind, gelb nennen. Hier brauchen wir bessere Namen. Das Einfachste sind Assoziationsnamen. Die Farbe sieht aus wie ... z. B. ein Kornfeld. Also heißt sie „Kornfeldgelb". Das kann zu hübschen Namen führen. Die Farbe sieht aus wie ein Föhnhecht (länglich-gelbe Wolkenform am Föhnhimmel), also heißt sie „Föhnhechtgelb". So können sich auch sehr poetische Namen ergeben: Die Farbe sieht aus, wie wenn sich deine blonden Haare im Wasser spiegeln würden, oder sie sieht aus wie ein frischer Kürbis im taufrischen Gras. Ganz eindeutig ist die Sprache nie, sonst könnten wir Bilder „sprechen" statt sie zu malen. – Aber unsere „Farb-Kinder" sollten natürlich schon Namen bekommen!

Farbfelder

Wir können beispielsweise alle blauen Farben zusammenlegen oder alle grünen. Da ergeben sich Grenzbereiche. Bei manchen wissen wir nicht sicher zu sagen, ob die Farbe nach Blau oder nach Grün gelegt werden soll. In einer anderen Umgebung können die Farben eindeutig grün oder blau wirken. Zwischen den Feldern sind sie auf einmal nicht mehr so klar einzuordnen. Das sind erste Erfahrungen mit dem Simultankontrast, d. h. jede Farbe wirkt in einer anderen Umgebung anders.

Wenn die Farbkarten nach Feldern aufgelegt wurden, hat man auch einen Überblick über die verschiedenen Farbmöglichkeiten, über die Hauptfarben und die Zwischentöne.

Farbzeilen

Man kann nun Farbzeilen auflegen. Man nimmt z. B. das leuchtendste Gelb und das reinste Rot, das man findet. Das ist der Anfang und das Ende der Zeile. Nun versucht man möglichst viele Zwischenstufen zu finden und nach der Helligkeit zu ordnen.

Das lässt sich auch innerhalb eines Farbtons durchprobieren: Man nimmt das hellste und das dunkelste Blau und versucht einen Übergang ohne große Treppenstufen zu legen. Man muss schon genau hinsehen, wenn die Farben nach Helligkeiten sortiert werden. Eine besonders schwierige Aufgabe ist das Sortieren aller Farbkarten von der hellsten bis zur dunkelsten Farbe.

Farbtemperaturen

Jede Farbe wirkt in einer bestimmten Umgebung entweder warm oder kalt, wärmer oder kälter. Man kann nun Felder nach warmen und kalten Farben legen. Das wird einen bald in Schwierigkeiten bringen. Man erfährt, wie relativ das Ganze ist. Man wird lange austauschen müssen, bis man mit den Feldern zufrieden ist. Das macht es aber zugleich auch so spannend.

Das ist doch nicht dieselbe Farbe

Wenn wir eine beliebige Farbe bis hin zum Grau oder weißlichen Rosa auf ein grünes Feld und dann auf ein blaues legen, werden wir die Farbe nicht wieder erkennen. Sie verändert sich scheinbar, je nachdem, auf welches Feld wir sie legen (= Simultankontrast).

Aus Rot wird Grün

Wenn ich in hellem Licht sehr intensiv eine leuchtend rote Farbkarte beobachte – mit kurzem Abstand zum Auge – und sie dann weglege, passiert etwas sehr Geheimnisvolles. Die Farbe schlägt um. Statt der roten Karte sehe ich eine grüne Fläche. Das gilt auch umgekehrt. Wir können dann weiter probieren: Auf eine gelbe Karte folgt ein violettes Feld, auf eine blaue Karte ein oranges und jeweils umgekehrt (= Komplementärkontrast).

Reine und gemischte Farben

Zuerst suchen wir die reinen Farben heraus, d. h. Farben, die man haben muss und die man durch andere Farben nicht ermischen kann. Rein ist ein Rot dann, wenn es keinerlei Blau- oder Gelbanteile beinhaltet, Gelb muss ohne Blau und Rotanteil sein, Blau ohne Rot- und Gelbanteile. Meist kann unser Auge das nur annähernd bestimmen.

Die drei Grundfarben legt man nun als Dreieck auf einem unsichtbaren Kreis auf. Nun sucht man dazwischen die reinste Mischfarbe zu legen, also Grün, Orange und Violett. Jetzt ergibt sich schon ein Kreis mit sechs Stationen. Nun kann man z. B. jeweils zwei Zwischenstufen zwischen den Farbtäfelchen suchen, die den Übergang herstellen.

Farbspiralen

Der Umgang mit Farben sollte natürlich nicht zu theoretisch erarbeitet werden. Farben sprechen die Gefühle an und auf sein sicheres Gefühl sollte man sich auch verlassen. Man kann z. B. versuchen eine große Farbspirale zu legen, wobei die Mitte die hellste Farbkarte bildet. Allmählich wird der Weg der Spirale immer dunkler. Oder umgekehrt: Die dunkelste Stelle liegt innen.

Eine interessante Beobachtung im Nachhinein: Ringelt sich unsere Spirale nach links oder nach rechts?

Farbringe und -quadrate

Man kann konzentrische Kreise auflegen, wobei innen die hellste Zone ist, die sich nach außen zunehmend verdunkelt. Und natürlich umgekehrt. Man kann die Palette auch beschränken, z. B. von Gelb nach Blau, von Rot nach Blau usw. Neben den Ringen bieten sich auch Quadrate an. Hier fügen sich die rechteckigen Farbkärtchen ihrer Form wegen sehr gut aneinander.

Farbsterne

Die leuchtendste Farbe in der Mitte erhält Strahlen, die immer heller werden. Als Vollmond kann unsere Komposition natürlich auch allmählich in die Nacht übergehen.

Diese regelmäßigen Formen, kombiniert mit Farbabläufen des Farbspektrums, haben immer etwas Faszinierendes und Beruhigendes. Es macht Spaß, sie zu gestalten, und das Ergebnis ist eine Augenweide.

Der Regenbogen

Das schönste Gebilde angeordneter Farben ist natürlich der Regenbogen, eigentlich der „Nach-dem-Regen-Bogen". Wenn man das Glück hat, einen sehen zu dürfen, vielleicht sogar einen doppelten, sollte man alles liegen und stehen lassen. Die Arbeit wartet, der Regenbogen nicht! Nicht nur für Kinder hat er seine Geheimnisse. Kein Wunder, dass er Anlass zu vielen Mythen und Erzählungen wurde. Jedenfalls liegt an den beiden Enden des Regenbogens, wo er auf die Erde stößt, ein großer Schatz. Wir müssten ihn nur holen ...Wenn ein Regenbogen zu beobachten war oder wenn wir ihn auch „nur" über un-

sere geschliffenen Gläser an der Wand sehen (s. S. 72), können wir versuchen ihn mit unseren Farbkarten zu legen, wobei die leuchtendste Farbe jeweils am Gipfelpunkt des Bogens liegt. Zu den gebogenen Enden hin wird unser Regenbogen heller.

Farbvergleiche

Die Farbe meiner Haare

Farbvergleiche sind nicht einfach, weil die Farbe, von der wir meinen, sie sei genau die richtige, in einer anderen Umgebung liegt. Wir können es oft nicht glauben, wenn wir die Farbkarte an die Farbe halten, mit der wir sie vergleichen wollen. So anders haben wir uns das nicht vorgestellt.
Wir suchen die Farben unserer Haare, unserer Haut, unserer Augen. Damit hätten wir unseren ganz persönlichen Farbklang. Er ist die Grundlage, wenn wir überprüfen wollen, ob uns eine andere Farbe steht.

Die Farben unseres Raumes

Wir suchen die Farben unseres Raumes, die Farben der Möbel, der Vorhänge, von Fußboden und Teppich, die Wandfarbe, die Farbe der Türen oder verschiedener Gegenstände. Wenn wir sie zu einem Feld zusammenlegen, sehen wir gleich, ob alle Farben zusammenpassen.

Die Farben unserer Kleider

Auch das kann spannend werden: Welche Farben trage ich denn heute? Wie klingen sie zusammen, auch verglichen mit „meinen" Farben?

Die Farben eines Blumenstraußes

Wir legen uns einen eigenen Blumenstrauß mit denselben Farben, wie der echte sie hat. Bringen wir den Strauß mit unseren Farbkarten zusammen?

Die farbige Wiese

Eine Wiese ist nicht nur grün. Sie hat viele Farben. Wir tragen sie zusammen und legen sie auf dem Tisch auf ein weißes Blatt Papier. (Die Möbelfarbe relativiert schon wieder alle Farben.) Die Farben der Erde, der Steine, des Sandes, eines Pfades, der Grashalme, der Blüten und Blumen. Ein reiches Feld. Was für uns vorher nur grün war, wird jetzt differenzierter. So eingestimmt, kann das „große Rasenstück" von Albrecht Dürer Anstoß geben für eine schöne Kunstbetrachtung.

Nolde, ein Böcklin – alle haben je ihren Farbklang, der unabhängig von der inhaltlichen Aussage den emotionalen Grundton anschlägt. Ihn zu erkennen macht sensibler für die Wirkung des Bildes.

Die Farben eines Gemäldes

Man versucht möglichst viele Farben zu finden, die auf unserem Wandschmuck oder auf einem mitgebrachten Bild zu sehen sind. Kommt eine Farbe kaum vor, kann man sie überdecken. So kann man recht gut den Stimmungen eines Bildes „auf die Schliche" kommen. Bilder werden auf diese Weise transparent: etwa ein Bild von Feininger, ein Bild der sogenannten „jungen Wilden", ein

Die Farben des heutigen Wetters

Jedes Wetter hat seine Farben. Welches Blau hat der Himmel heute? Wie wirken die Blätter, wie die Hauswand gegenüber, welche Farbe hat der Schatten usf.? Auch der Regen hat seine Farben, der Winter, der Herbst natürlich sowieso. Hier sind aber keine allgemeinen Farbklänge gemeint, sondern zunächst einmal ein möglichst genauer Farbvergleich: So und nicht anders ist diese Farbe heute.

Farbgefühle

Wie fühle ich mich heute?

Ich versuche mir klar zu werden, wie ich mich fühle, und suche eine Farbe, die diesem Zustand entspricht. Ich kann auch diese Karte meiner Nachbarin oder meinem Nachbarn geben mit der Bitte, sie genau zu betrachten und mir meinen heutigen „Zustand" zu schildern. Ich halte dann dagegen. Das kann oft der Ausgangspunkt für viele unverkrampfte und aufschlussreiche Gespräche sein. Wenn alle Karten zusammen aufgelegt werden, be-

kommt man ein gutes Gespür dafür, welch unterschiedliche Stimmung im Raum herrschen und auf wie viele verschiedene Ausgangspositionen ich mich einstellen muss.

Meine Lieblingsfarbe

Man kann auch einmal versuchen, die Lieblingsfarben der anderen zu erraten. Man sucht Farben aus, von denen man annimmt, sie seien die Lieblingsfarben der anderen. Oft wird man richtig liegen, manchmal muss man sich aber auf einen Korb einstellen. Sie werden sehen, dass sich darüber ganz spontan „heftige" Diskussionen ergeben werden.

Was steht mir?

Dieses Spiel kann man schön in eine Geschichte einbauen: Ich habe einen großen Gewinn gemacht. Jede/r bekommt deshalb 1000 DM geschenkt, um sich etwas Schönes zum Anziehen zu kaufen. Eine Bedingung ist aber damit verknüpft: Die Kleider müssen drei Farben haben, wobei nichts ausgesagt ist über die Mengenverteilung der Farben. Eine kann auch auf einem Schmuckstück vorkommen. (Jede/r sucht sich entsprechend drei Farbkärtchen aus.)
Also – welche drei Farben gefallen und stehen mir?

Was steht dir?

Man kann das obige Spiel auch so spielen, dass ich mir meine drei Farben aussuche und mit den Farbe nach unten, also verdeckt, vor mich lege. Nun suche ich für meinen linken Nachbarn oder meine linke Nachbarin drei Farben aus, von denen ich annehme, sie würden ihm oder ihr stehen. Diese lege ich, ebenfalls mit der Farbe nach unten, über die von ihm oder ihr für sich ausgesuchten Karten. Dann folgt die Stunde der Wahrheit ...

Ich schick dir einen Farbengruß

Wir stellen Farben zusammen, die uns selbst gefallen und von denen wir annehmen, dass sie der Empfängerin, dem Empfänger des Farbengrußes Freude machen. So könnte ein freundlicher Farbenbriefwechsel entstehen.

Farbklänge

Farben-Patience

Es gibt Farben, die verwandt sind, andere dagegen mögen sich nicht. Farben können, im Bild gesprochen, klingen, wenn sie sich treffen, oder aber sie bleiben stumm und gleichgültig. Farbklänge legen ist wie Patience spielen. Es ist ein emotionales Spiel, das Geduld und Feinfühligkeit voraussetzt – ob man

es nun alleine oder zu zweit oder auch mit mehreren spielt. Man muss warten können, bis die Farben zu einem sprechen.

Farben erspüren

Es gibt Menschen, die sehr empfindsam auf die Strahlungen der Farben reagieren. Sie können mit geschlossenen Augen sagen, sie hätten eine rote Farbkarte vor sich, wenn sie mit den Fingerspitzen darüber tasten. Versuchen Sie es einmal!

Die Farben des frühen Morgens

Eine anregende Übung sind die „Tageszeitenklänge". Der frühe Morgen hat andere Farben als der Vormittag. Der Mittag „klingt" anders als der „Nachmittag" und beide unterscheiden sich grundlegend vom Farbklang des Abends. Und das alles auch noch bei verschiedenem Wetter ...

Die vier Jahreszeiten

Die Jahreszeiten sind im Farbklang ganz unterschiedlich. Die zarten, aufkeimenden Farben des Frühlings gehen in die satte Farbigkeit des Sommers über. Und der Herbst – ein Maler! Die vielen Brauntöne, Orange, Ocker stehen gegen die kalten Farben des Winters.

Land gegen Stadt

Man kann einmal versuchen, den Gegensatz von Stadt und Land in Farbklängen aufzulegen, was zu ausführlichen Diskussionen führen dürfte. Ist denn alles eindeutig negativ oder positiv? Wo muss differenziert werden? Wie zeigt sich das in den Farben?

Begriffe in Farben legen

Man kann sich dafür je nach Anlass und Gruppe unendlich viele Themen ausdenken. Hier seien als kleine Anregung nur einige Ideen aufgezählt: Harmonie – Streit – Wut – Zuneigung – Liebe – Müdigkeit – Krankheit – Trauer – Jazz – Tanz – lustig sein – etwas Unheimliches – Angst – Ruhe – Dynamik – das Böse – Eitelkeit – Eifersucht – bitter – süß – scharf – Gemütlichkeit – Langeweile – Glück – Tempo – kühl – warm – Phantasie – Magic – Erotik – Zärtlichkeit – Brutalität usw.

Polaritäten legen

Kontraste, Gegensätze und familiäre Harmonien aus verwandten Farben spielen beim Gestalten mit Farben eine wesentliche Rolle. Wenn man Polaritäten formuliert, muss man sich festlegen: Diese Farbe steht gegen jene, es gibt Fronten ohne Übergänge. Das setzt Beschlüsse voraus. Die Farben übernehmen bestimmte Positionen.
Hier zunächst einige einfache Beispiele: Suchen Sie die Farbgegensätze für:
● Hell – Dunkel
● Tag – Nacht
● Sommer – Winter
Allmählich können Sie zu immer differenzierteren Gegensätzen übergehen:
● Weiblich – Männlich
● Jung – Alt
● Leben – Tod

Interessant sind auch Gegensätze in den Temperamenten:

- laut – leise
- sanft – aggressiv
- apathisch – dynamisch
- meditativ – aktiv usw.

Poesie in Farben

Man kann sich Zeilen aus Gedichten oder japanische Haikus als Ausgangspunkt für Farbklänge suchen, etwa:

Der Himmel ist düster. Dunkle Wolken.
Die Erde strahlt. Kirschblüten.

Gedichte zum Thema Farben, von denen man sich wunderbar inspirieren lassen kann, findet man in dem von Joachim Schultz herausgegebenen Band: Ein Rot, ein Blau, ein Grün vorbeigesendet. Farben in der deutschen Lyrik von der Romantik bis zur Gegenwart, München 1994.

Man kann sich auch selbst poetische Klangtitel aussuchen:

„Aufsteigende Kühle" – „Ein schönes Gelb in einer traurigen Welt" – „Triebkräfte der Erde" – „Feindliche Kälte" – „Die Stille der Wüste" usw.

Farben werden zu Bildern

Mit den Farbkarten kann ich Farbklänge durchspielen, die ich verwenden möchte, um ein bestimmtes Bild zu malen. Ich kann die Farbkarten auch in ein entstehendes Bild halten, um zu studieren, welche Veränderungen auftreten, wenn ich diesen oder jenen Farbakzent setzen würde.

Über die Farbkarten können aber auch Bilder komponiert werden, die dann nicht auch noch gemalt werden müssen: Das sind „Fingerübungen" für Konzepte, Vorstellungen und Klänge.

Man kann sich auch ein paar sehr ausdrucksstarke Bilder ausdenken und mit den Farbkärtchen legen, z. B. „Vulkanausbruch", „Waldbrand", „Sonnenuntergang", oder eher melancholische wie „Herbstregen", „Baum im Nebel" oder festliche: „Neujahrsempfang", „Der Opernball" oder, oder ... Einmal begonnen, gehen die Themen sicher so schnell nicht aus. Die Seele wird so zur Farbenlandschaft.

Die Stimmung, Erlebtes und Erdachtes – alles lässt sich mit den Farbkarten gestalten und (für andere oder für sich selbst) visualisieren. Farben sagen manchmal mehr als Worte ...

Menschen werden zu Farben

Was bedeutet mir dieser oder jener Mensch? Wenn ich ihn als Farbklang auflege? Welche Farben erhalten meine Freunde, Bekannte, Vorgesetzte, Mitarbeiterinnen, Menschen, die ich gerne oder gerade nicht so sehr mag?

Gibt es darunter farbige oder auch eher farblose Typen? Sind sie ziemlich schrill oder mehr farbenfroh, kontrastreich oder „gedeckt"?

Farbgeschichten

Farben werden zu Geschichten

„Das Rot verirrt sich." Daraus kann man mit den Farbkarten eine lange Geschichte erfinden. Es gibt viele Farbgeschichten: Wenn man die Bilderbücher nicht zeigt, sondern nur die Geschichte erzählt, lassen sich die entsprechenden Farben dazu suchen und auflegen.

Farbige Spuren

Für eine spannende Geschichte können farbige Spuren gelegt werden. Man verfolgt sie, sucht sie notfalls (Tarnfarben), beobachtet und überlegt, warum die Spur genau so gelegt wurde. Was ist passiert? Was war los? Und schon ist eine neue Geschichte fällig.

Geschichten in Farben

Die Teilnehmerinnen und Teilnehmer haben die Farbkarten wie ein Kartenspiel in Hän-den. Ich erzähle eine sehr bildhafte Geschichte: „Das Mädchen ging durch die dunkle Nacht auf einen finsteren Wald zu. Im Wald erreichte es eine Lichtung. Da ging golden der Mond auf und alles erstrahlte in eigenartigen Farben ..." Als farbige Begleitung werden passende Farbkarten aufgelegt und wieder weggenommen.

Man kann die Teilnehmer auch bitten, Geschichten zu den Farben zu erzählen, die sie in Händen halten. Oder eine Fortsetzungs-geschichte gestalten: Jede/r gibt reihum eine Farbe dazu und erzählt die Geschichte entsprechend weiter.

Farb-Sätze

Es wird eine Farbe aufgelegt und jeder denkt sich einen Satz aus, der zu dieser Farbe passt. Schließlich wird er laut gesagt. Mit vielen Farben nacheinander ergibt sich ein lustiges Durcheinander von Sätzen, die zu interessanten Farbgeschichten führen können.

Farben mit allen Sinnen erleben

Man kann Farben hören

Der japanische Dichter Fa-Yen drückte es so aus: „Wenn die Farben nicht das Ohr erreichen könnten, wie könnten die Töne die Augen berühren."

Aus dieser Erkenntnis machen wir ein spannendes Spiel: Welches Instrument passt zu welcher Farbe? Passt die Orgel zu Gelb, die Pikkoloflöte zu dunkelblau? Welcher Ton passt zu welcher Farbe? Man kann ihn durch Summen suchen. Wenn man sich auf ein paar Farben festgelegt hat, kann man über Farbklänge bestimmte Tonfolgen anregen. Gibt es auch Farben zu Trommeln oder zu bestimmten Rhythmen? Das Tambourin hat so viele Möglichkeiten. Ganze Gewitter kann man damit spielen. Kann man das alles auch in Farben gestalten?

Die Musik hat Farben

Es gibt das Experiment einer „Farborgel". Die Töne werden dabei in der Frequenz in den Sehbereich hinein verschoben und so sichtbar gemacht. Das bleibt natürlich etwas rechnerisch-mechanisch. Die Verbindung zwischen Musik und Farben ist wohl viel emotionaler und subjektiver.
Auf die Komposition „Wolkenflug" von Sigi Schwab etwa (zu finden auf der CD „Meditation" Vol. 2, GSM 705) reagieren die einen mit Blau und Blaugrüntönen, andere mit Brauntönen, wieder andere mit Gelb und Ockerfarben. Auch ganz violett kann die Farbfamilie sein. Es ist die jeweils ganz individuelle Assoziation, die diese Musik auslöst, es ist der eigene Klang. Das macht die Sache so aufregend und faszinierend. Zugleich wirkt die Kombination des Vorgangs „Hören und Sehen" auch sehr entspannend.

Wenn man sich sehr „durch die Mühle gedreht" fühlt, sollte man es sich gönnen, einmal zu Musikstücken, die man gerne hört, Farben aufzulegen.

Man kann die Farben riechen

Farben haben auch Gerüche, Düfte. Wenn auf einem weißen Blatt ein leuchtendes Rot oder ein schönes Violett liegt und man fängt dann zu schnuppern an, so tauchen in unserem Geist Düfte und mit ihnen Erinnerungen auf, die schon sehr weit zurückliegen können.
Man kann aber auch Parfüms mitbringen und zu jedem Duft die entsprechende Farbe suchen. Gemeinsam führt das zu vielen Gesprächen, wenn man allein spielt, muss man sich nach reiflicher Überlegung festlegen.

Farben machen Hunger und Durst

Bei bestimmten Farben läuft einem förmlich das Wasser im Mund zusammen, bei anderen vergeht einem der Appetit. Man kann sich aus den Farbkarten verschiedenste Menüs und eine Getränkekarte zusammenstellen, die unausweichlich den Wunsch provozieren: das hätte ich gerne zum Essen, das würde ich gerne dazu trinken. Die „Weinkarte" kann etwa so erläutert werden: „erdig, fruchtig, spritzig" – oder „schwer, träge, aber doch lebendig und feurig" usw.

Gestalten mit Farben

In welchen Farben möchte ich wohnen?

Man sucht sich einen Farbklang zusammen von Farben, in denen ich mich wohl fühle, und richtet damit in seiner Vorstellung seine Wohnung ein. Passen die Farben meiner realen Wohnung wirklich zu mir? Habe ich bei der Zusammenstellung wirklich darauf geachtet, dass die Farben immer auf mich wirken?

Die Farben in meinem Arbeitsraum

Man kann zunächst die Farben zusammensuchen, die ich in meinem Arbeitsraum vorfinde, und mit neuen Karten Änderungsvorschläge erarbeiten. Dabei sollte beachtet werden, dass das Lebendigste die Farben der Menschen sein sollen, die sich ja zudem bewegen. Das heißt: die Raumfarbigkeit sollte lieber in Pastelltönen verbleiben.

Unsere neue Fassade

Unsere Fassade muss neu gestrichen werden, auch die Fensterläden. Sie soll in der Farbigkeit zu uns, zum Haus und zur Umgebung passen. Keine leichte Aufgabe. Man sucht sich zunächst die festgelegten Farben (Nachbarfassaden, Dach, Baum – er ist am meisten veränderlich, sollte aber nicht übersehen werden!). Nun werden Farben gesucht, die wir für unsere Fassade gerne hätten. Eingefügt in die festgelegten Farben, lässt sich bald feststellen, ob unsere Farben überhaupt annehmbar sind oder ob sie die anderen Farben herabsetzen. Vielleicht muss man einen Kompromiss eingehen. Vielleicht haben wir aber bei unserem Vorschlag schon beim ersten Versuch Glück.

Der Farbatlas

In manchen Städten gibt es Farbatlanten mit Farbklängen für die einzelnen Häuser und Straßen. Zum Spaß könnte man das für seine Straße einmal durchspielen. Wie sähe unsere Straße aus, wenn wir gestalten dürften? Die Insel Murano bei Venedig ist ein sehr gutes und anregendes Beispiel für Farbzusammenhänge. Harmonie ist erreicht, wenn die Einzelfarben bei aller Individualität sich zu einem Ganzen stimmig zusammenfügen. (Das würde übrigens auch für unsere Gesellschaft gelten.)

Jeder Farbe ihren Platz

Jede Farbe hat ihren Platz, an dem ihre Qualitäten besonders gut zum Tragen kommen. Es setzt viel Feingefühl für die Farben voraus, im Zimmer Plätze zu suchen, an denen die Farbe besonders angenehm „wohnen" kann.

Farbige Muster

Mit den Farbkarten lassen sich wunderschöne Muster legen. Sie sind dann wie große Webspuren.

Man muss sich nur ein Buch über die „Gärten des Islam", die orientalischen Teppiche, ansehen, um zu verstehen, was Muster sein können. Es sind Blumenwiesen, die in einer Hauptfarbe stilisiert sind.

Gemeinsam kann man aber auch so spielen, dass jemand eine Karte auflegt und die anderen gruppieren die Karten so darum herum, bis ein schönes Farbmuster entsteht.

Mein Leben als farbiger Pfad

Mein Paradies

Welche Farben stehen für Stationen in meinem Leben, in denen ich mich besonders wohl gefühlt habe, in denen ich glücklich war? Waren es Landschaften, Stimmungen, Begegnungen? Tauchen meine Erinnerungen deutlich wieder auf, wenn sie in Farben erscheinen?

Eine schlimme Erinnerung

Auch weniger gute, ja böse Erinnerungen lassen sich in Farben auslegen. Vielleicht verliert die Erinnerung in dieser Farbgestaltung an Kraft, einen nieder zu drücken?

Farben, die mir früher viel bedeuteten

Viele Erinnerungen sind an Farben und Düfte geknüpft. Welches sind die ersten Farben, an die ich mich entsinnen kann? Waren es Situationen, eine Umgebung, ein bestimmtes Wetter, Personen, Wohnungen? Könnte ich Personen, die für mich wichtig waren, mit Farben bedenken? Meine Eltern, Verwandte, Lehrer?

Farben, die für mein Leben heute wichtig sind

Ich suche mir Farben, die mir etwas bedeuten und die für etwas stehen, für Personen, die wesentlich sind.

Ist es ein Klang, in dem ich lebe oder nur eine Summe von Farben, von beliebigen Farben? Was kann ich ändern?

Farben, die für meine Zukunft stehen

Was erwarte ich von morgen, wovor fürchte ich mich? Wird mein Leben reicher, wird es beengter? Welche Farben stehen dafür und warum? Haben Angst, Hoffnung und Erwartung Farben?

Diesseits – Jenseits

Stehen für meine Vorstellungen von Diesseits und Jenseits zwei Farbklänge mit Übergängen oder abrupte Abbrüche? Wenn Zeit keine Rolle mehr spielt, welche Farben bleiben? Werde ich ich bleiben oder gehe ich in etwas anderem auf? Kommt die große Begegnung? Wird es schwarz oder gibt es Farben über Farben?

Viele existentielle Themen können sich in den Farben spiegeln, zu einer Philosophie oder Theologie in Farben werden. Farben führen zum Nach-denken, zum Nach-fühlen – und wieder zurück in die Realität.

Grün ist nicht gleich grün

Rot, sagte er, sei das Dach gewesen und die Nase und der Rubin am Finger und auch der Abendhimmel ... Das soll mal einer malen. Man sollte einmal in einer Gruppe alle bitten aufzustehen, die etwa Rotes anhaben. Man wird staunen, was man mit diesem Wort alles meinen kann. Ein Maler muss da schon genauer hinsehen, und auch jemand, der die Möglichkeiten unserer Sprache genauer ausloten will.

„Das ist doch rot wie ...“ Ja wie denn? Wie Rost, wie Blut, wie Ziegel, wie Wein, wie die Abendsonne, wie Mohn ... Und schon haben wir Namen gefunden, die durch Assoziationen entstanden sind, die unsere Wahrnehmung sensibilisieren und die uns wiederum dazu drängen, beim nächsten Hinschauen genauer zu unterscheiden. Lindgrün ist eben nicht olivgrün und auch nicht petrol ...

Deshalb haben wir im Folgenden viele, viele Farbnamen für Sie zusammengetragen, von denen Sie sich inspirieren lassen können. Als kleines „Schmankerl“ haben wir uns außerdem auf die Suche nach den Farben in der Natur gemacht – Blumen in allen Farben für Ihren ganz persönlichen Blumenstrauß!

Eine besondere Anziehungskraft üben Steine und Kristalle auf uns aus. Die Märchen der Romantik sind voll von Schilderungen der Faszination, die die Schätze der Erde ausstrahlen: Manche Gestalt verliert sich dort in den unterirdischen Welten und erliegt ihrem eigentümlichen Farbzauber. Die „Magie“ der Steine (im wörtlichen oder übertragenen Sinne) wird auch in unserer Zeit wieder mehr beachtet. Auch hier haben wir eine farblich geordnete Auswahl für Sie zusammengestellt.

Namen für alle Farben

Blau

Algenblau, Ägyptischblau, Anilinblau, Aquamarinblau, Altblau, Armeeblau, Ätherblau, Atlantikblau, Atlasblau, Augenblau, Azurblau, Azurit;
Babyblau, Bayrischblau, Bergluftblau, Bergblau, Berlinerblau, Blassblau, Blaueisenblau, Blaubeerenblau, Blaufuchsblau, Blaugrau, Blaugrün, Blaukrautblau, Blaurot, Blauschwarz, Blauviolett, Bläulingsblau, Blazerblau, Bleu, Blitzeblau, Brilliantblau;
Capriblau, Chagallblau, Chinablau, Clematisblau, Coelinblau, Curaçaoblau, Cyanblau;
Delfterblau;
Eisblau, Eisenblau, Elkinblau, Emailblau, Enzianblau;
Fayenceblau;
Gewitterblau, Gletscherblau, Glockenblumenblau, Graublau, Griechischblau, Grünblau;
Heidelbeerblau, Himmelblau, Holunderblau, Hortensienblau, Hyazinthenblau;
Indigoblau, Indischblau, Irisblau;
Jeansblau;
Kadettenblau, Kaltblau, Karibikblau, Knallblau, Kobaltblau, Königsblau, Kopenhagenerblau, Kornblumenblau, Kosmosblau;
Lagunenblau, Lapislazuliblau, Lasurblau, Lavendelblau, Lichtblau, Luftblau, Lupinienblau;
Madonnenblau, Manganblau, Marineblau, Mattblau, Meerblau, Meisenblau, Metallblau, Mineralblau, Mittelmeerblau;
Nachtblau, Nebelblau, Neonblau, Nordischblau;
Opalblau, Orientblau, Ozeanblau;
Pariserblau, Pastellblau, Petrolblau, Pfauenblau, Pflaumenblau, Pilotenblau, Porzellanblau, Preußischblau;
Rauchblau, Rittersspornblau;
Saphirblau, Seeblau, Silberblau, Sommerblau, Schneeblau, Schwarzblau, Stahlblau, Szillablau;
Taubenblau, Traubenblau, Tiefblau, Tintenblau, Turmalinblau, Traumblau, Türkisblau;
Ultramarinblau, Uniformblau, Urblau;
Veilchenblau, Vergissmeinnichtblau, Violablau, Vermeerblau, Victoriablau;
Waidblau, Winterblau, Waschblau, Wasserblau, Wässrigblau, Wolkenblau;
Zwetschgenblau.

Rot

Altrot, Abendrot, Alpenrosenrot, Amaryllisrot;
Backsteinrot, Bengalischrot, Blassrot, Blaurot, Blutrot, Bordeauxrot, Brandrot, Braunrot;
Chillirot, Chinesischrot, Chromrot, Cyclamrot;
Dahlienrot, Dirnenrot, Dunkelrot;
Englischrot, Erdbeerrot, Erikarot;
Ferrarirot, Feuerrot, Flamingorot, Flammenrot, Florentiner Lackrot, Fuchsia, Fuchsrot;

Gelbrot, Geranienrot, Glutrot, Goldrot, Granatrot;

Hahnenkammrot, Hellrot, Hellpurpur, Helvetienrot, Hennarot, Hibiskusrot, Himbeerrot, Hochrot, Hummerrot;

Indianerrot;

Jaspisrot;

Kadmiumrot, Kardinalrot, Kamelienrot, Karminrot, Karottenrot, Kirschrot, Knallrot, Korallenrot, Krapplackrot, Krebsrot, Kupferrot;

Lachsrot, Lackrot, Lavaglutrot, Leuchtrot, Lilienrot, Lippenrot;

Magentarot, Malvenrot, Marsrot, Mahagonirot, Mattrot, Mennigerot, Messingrot, Mohnrot, Morgenrot;

Nelkenrot, Neonrot;

Ochsenblutrot, Orangerot, Orientrot, Oxidrot;

Paprikarot, Pastellrot, Permanentrot, Persischrot, Pfefferrot, Pfirsichrot, Pink, Pompejanischrot, Purpurrot, Puterrot;

Rosenholzfarben, Rosenrot, Rosig, Rostrot, Rötlich, Rotorange, Rotblau, Rotviolett, Rubinfarben;

Sandsteinrot, Saturnrot, Scharlachrot, Schwarzrot, Siennarot, Signalrot, Sommerrot, Sonnenbrandrot;

Terracottarot, Tiefrot, Tizianrot, Tomatenrot, Türkischrot;

Urrot;

Vamprot, Venezianischrot, Verkehrsrot;

Weinrot, Wangenrot, Wassermelonenrot;

Ziegelrot, Zinnoberrot, Zornrot.

Rosa

Altrosa, Amaryllisrosa, Astilbenrosa;

Babyrosa, Blassrosa, Bonbonrosa;

Cyclam, Clematisrosa, Cremerosa;

Dahlienrosa, Dunkelrosa;

Flamingorosa, Fleischfarben, Fuchsia;

Graurosa;

Hautfarben, Himbeerrosa, Hyazinthenrosa;

Kermesbeerenrosa, Kirschblütenrosa;

Lachsrosa;

Magenta, Marzipanrosa, Mattrosa, Malve, Muschelrosa;

Orchideenrosa;

Parmarosa, Pastellrosa, Perlmuttrosa, Perlrosa, Persischrosa, Petunienrosa, Pfirsichblütenrosa, Pink, Phloxrosa, Pompadourrosa, Puderrosa;

Rosé, Rosenquarzfarben, Rouge;

Sahnerosa, Schinkenrosa, Schweinchenrosa;

Tränendes Herz;

Violettrosa;

Zartrosa;

Gelb

Aureolin, Absinthgelb, Altgelb, Ananasgelb, Antikgelb, Aschgelb;

Bambusgelb, Bananengelb, Beryllgelb, Bastgelb, Beigegelb, Bernsteingelb, Bienenwachsgelb, Birnengelb, Blassgelb, Blond, Blütengelb, Braungelb, Buttergelb;

Calendulagelb, Chinesischgelb, Chlorgelb, Chromgelb, Cremegelb, Currygelb;

Dottergelb, Dotterblumengelb, Dunkelgelb;

Eigelb, Elfenbeingelb, Engelsgelb;
Falbgelb, Fahlgelb, Flachsgelb, Flammen-
gelb;
Gallegelb, Gelbgrau, Gelblich, Gelbgrün,
Gelbocker, Gelborange, Gelbrot, Gelbholz-
farben, Giftiggelb, Ginstergelb, Glutgelb,
Goldblond, Goldgelb, Goldlack, Golden,
Goldocker, Goyagelb, Graugelb, Gülden;
Hansagelb, Hellgelb, Hirsegelb, Hochgelb,
Honiggelb;
Indischgelb;
Kadmiumgelb, Kalkgelb, Kamillegelb, Kana-
rienvogelgelb, Karottengelb, Knallgelb,
Korngelb, Kükengelb, Kupfergelb;
Laubgelb, Lichtgelb, Limonengelb, Löwen-
zahngelb;
Maisgelb, Mattgelb, Melonengelb, Messing-
gelb, Mimosengelb, Mongolengelb, Most-
richgelb;
Nankinggelb, Neapelgelb, Nebelgelb,
Nickeltitangelb, Nikotingelb;
Ocker, Olivgelb, Osterglockengelb;
Pastellgelb, Platinblond, Pompejanischgelb,
Postgelb, Postkutschengelb, Primelgelb;
Quittegelb;
Rapsgelb, Ranunkelgelb, Rauchgelb, Rost-
gelb, Rotgelb;
Safrangelb, Saharagelb, Sandfarben, Sand-
gelb, Sahnegelb, Schmutzgelb, Schwefelgelb,
Semmelblond, Senfgelb, Signalgelb, Sonnen-
blumengelb, Sonnengelb, Strohblond, Stroh-
gelb, Strontiumgelb;
Teegelb, Traumgelb, Topasgelb;
Urgelb, Uringelb;
Vanillegelb, Verkehrsgelb, Veroneser Gelb;
Wachsgelb, Warmgelb, Wasserstoffsuper-

oxydgelb, Wintersonnengelb, Weizengelb;
Zartgelb, Zinkgelb, Zitronengelb, Zitronen-
faltergelb.

Orange

Apfelsinenfarben, Apricot, Aprikosenfarben;
Blassorange, Blutorangenrot, Braunorange;
Calendulaorange;
Dunkelorange, Dunkelkadmiumorgange;
Echtorange;
Feuerlilienorange, Feuerorange, Flammen-
orange, Flamingoorange;
Gelborange, Gelberübenorange, Goldocker,
Goldorange;
Hellorange, Hummerrot;
Indischgelborange;
Kadmiumorange, Kapuzinerkresseorange,
Karottenorange, Korallenrotorange, Krebs-
rotorange, Kupferorange;
Lachsfarben, Lichter Ocker, Lilienorange,
Leuchtorange;
Mandarinenorange, Melonenorange, Men-
nige;
Neapelgelb;
Ockergelb, Ockerrot;
Pastellorange, Persischorange, Pfirsich-
orange;
Reinorange, Rostorange, Rotorange;
Safrangelborange, Safranrotorange;
Tagetesorange, Tieforange;
Zinnoberorange, Ziegelrotorange.

Grün

Absinthgrün, Apfelgrün, Armeegrün, Avocadogrün;
Beryllgrün, Billardgrün, Birkengrün, Blassgrün, Blattgrün, Blaugrün, Brillantgrün, Braungrün, Bronzegrün;
Chlorgrün, Chlorophyllgrün, Chromgrün, Chromoxydgrün;
Dunkelgrün, Dschungelgrün;
Echsengrün, Echtgrün, Emeraldgrün, Efeugrün, Erbsgrün, Eukalyptusgrün;
Farngrün, Filzgrün, Fichtengrün, Flaschengrün, Französischgrün, Froschgrün;
Gallengrün, Gelbgrün, Giftgrün, Grasgrün, Graugrün, Grünblau, Grüngrau, Grüne Erde, Grünlich, Grünspan;
Hellgrün, Heliogengrün, Heliotropgrün, Hookersgrün;
Jadegrün;
Kadmiumgrün, Khakigrün, Kieferngrün, Kobaltgrün, Kupfergrün;
Laubgrün, Laubfroschgrün, Lichtgrün, Lindgrün, Lodengrün;
Maigrün, Malachitgrün, Mandelgrün, Mangoldgrün, Mattgrün, Meergrün, Mintgrün, Mistelgrün, Moosgrün, Myrtengrün;
Natoolivgrün, Neapelgrün, Neongrün, Nilgrün;
Olivengrün, Olivgrau, Opalgrün;
Pariser Grün, Pastellgrün, Patinagrün, Permanentgrün, Petrolgrün, Pflanzengrün, Pfauengrün, Pfefferminzgrün, Pfeffergrün, Pigmentgrün, Pistaziengrün, Polizeigrün;
Resedagrün, Russischgrün;
Saftgrün, Salatgrün, Schilfgrün, Schimmelgrün, Schlangengrün, Schmutziggrün, Seegrün, Signalgrün, Silbergrün, Smaragdgrün, Spinatgrün;
Tanggrün, Tannengrün, Tiefgrün, Türkisgrün, Turmalingrün;
Urgrün;
Verkehrsampelgrün, Veronesergrün, Victoriagrün, Vitriolgrün;
Waldgrün, Waldmeistergrün, Wandtafelgrün, Wassergrün, Wasserpflanzengrün, Wasserschlangengrün, Welkgrün, Wiesengrün;
Zartgrün, Zinkgrün.

Violett

Amethyst, Altlila, Artischockenviolett, Asterfarben, Aubergine;
Bischofslila, Blasslila, Blaulila, Blaurot, Blauviolett, Blauregenviolett, Bordeauxviolett;
Clematisviolett;
Dunkellila;
Echtviolett, Erikablau;
Feministinnenlila, Flieder;
Glockenblumenviolett;
Heliotrop, Hyazinthenviolett;
Kobaltviolett, Königspurpur;
Lavendel, Lila, Luzerne;
Manganviolett, Malvenfarben, Mauve;
Nürnberger Violett;
Orchideenlila;
Pastellviolett, Pflaumenblau, Purpurviolett;
Rhododendronblüte, Rotlila, Tiefviolett;
Ultramarinviolett, Uraltviolett;
Veilchenblau, Violettbraun, Violettgrau, Violettrot, Violettschwarz, Violettrosa.

Weiß

Alabasterweiß, Albinoweiß, Alpakaweiß, Altweiß, Aluminiumweiß, Aschfahl, Atlasweiß;
Beigeweiß, Birkenrindenweiß, Blassweiß, Bleichweiß, Bleiweiß, Blütenweiß;
Champagnerweiß, Chinaweiß, Clownweiß, Cremeweiß;
Deckweiß, Diamantweiß;
Edelweiß, Eiweiß, Elfenbein, Emailweiß;
Gelblichweiß, Gipsweiß, Grauweiß;
Käseweiß, Kalkweiß, Kreideweiß, Kremserweiß;
Lilienweiß;
Marmorweiß, Mehlweiß, Milchweiß;
Opalweiß;
Papierweiß, Perlmuttweiß, Perlweiß, Permanentweiß, Porzellanweiß;
Reifweiß, Reinweiß, Rettichweiß;
Schlohweiß, Schimmelweiß, Schmutzigweiß, Schneeweiß, Schwanenweiß, Silbrigweiß;
Talgweiß, Titanweiß;
Ultraweiß;
Wachsweiß, Wäscheweiß, Winterweiß, Wollweiß;
Zahnweiß, Zinkweiß.

Schwarz

Anilinschwarz, Anthrazitschwarz, Aasschwarz;
Beinschwarz, Blauschwarz, Braunschwarz, Bronzeschwarz, Brombeerschwarz, Blaubeerschwarz;
Diamantschwarz, Dominoschwarz, Dunkelschwarz;
Ebenholzschwarz, Eisenschwarz, Eisenoxydschwarz, Elfenbeinschwarz;
Frankfurter Schwarz;
Graphit, Grauschwarz;
Höllenschwarz;
Kaviarschwarz, Knochenschwarz, Kohlschwarz, Kohlrabenschwarz, Koksschwarz;
Lackschwarz, Lampenschwarz, Lakritzschwarz;
Manganschwarz, Mitternachtsschwarz, Mohrenschwarz, Melanesierschwarz;
Nachtschwarz, Negerschwarz;
Pechschwarz, Pigmentschwarz;
Rappenschwarz, Rabenschwarz, Rauchschwarz, Rebenschwarz, Rußschwarz;
Samtschwarz, Schieferschwarz, Schornsteinfegerschwarz, Schwarzbraun, Schwarzgrün, Schwarzoliv, Schwarzviolett;
Teerschwarz, Teakholzschwarz, Tiefschwarz, Tintenschwarz, Trauerschwarz, Tuscheschwarz.

Grau

Achatgrau, Aluminiumgrau, Altgrau, Angegraut, Anthrazitgrau, Aschgrau, Asphaltgrau;
Basaltgrau, Beigegrau, Betongrau, Blaugrau, Bleifarbig, Braungrau;
Dämmergrau, Dunkelgrau;
Eisgrau, Eisengrau, Elefantengrau, Erdfahl, Eselsgrau;
Fahlgrau, Feldgrau, Flanellgrau;
Gelbgrau, Gewitterwolkengrau, Graphit-

grau, Gräulich, Grüngrau;
Helldunkel, Hellgrau;
Kaltgrau, Khakigrau, Kieselsteingrau, Koksgrau;
Leichenblass, Lichtgrau, Lodengrau, Luftgrau;
Maulwurfsgrau, Mausgrau, Meliert, Metallgrau, Mittelgrau, Modegrau;
Nebelgrau, Neutralgrau;
Olivgrau;
Paynesgrau, Pastellgrau, Perlgrau, Platingrau;
Quarzgrau;
Rauchquarzfarben;
Salz- und Pfefferfarben, Sandgrau, Schiefergrau, Schmutzgrau, Schmutzigweiß, Schwarzgrau, Silbergrau, Stahlgrau, Staubgrau, Steingrau;
Tiefgrau, Taubengrau;
Violettgrau;
Warmgrau, Weißgrau, Wolfsgrau;
Zartgrau, Zementgrau.

Braun

Altgelb, Altgold, Asphaltbraun;
Bahamabeige, Bast, Beige, Bersteinfarben, Biberbraun, Bister, Brauner Ocker, Braungrau, Braungrün, Braunrot, Bräunlich, Bronze, Brünett;

Caféfarben, Cognacfarben, Curryfarben, Chamoisfarben;
Dreckfarbe, Dunkelblond;
Eichbraun, Englischrot, Erdfarbig;
Goldbraun, Graubraun;
Havannabraun, Herbstbraun, Herbstgold, Holzfarben, Honigbraun, Hornfarben;
Kackbraun, Kaffeebraun, Kakaobraun, Kamelhaarfarben, Karamelbraun, Kasseler Erde, Kastanienbraun, Khakibraun, Kognacbraun, Kokosnussbraun, Korkbraun, Kupfer;
Lamahaarbraun, Leberfleckbraun, Lederbraun, Lehmbraun;
Mahagonibraun, Maronenbraun, Maikäferbraun, Mittelbraun, Muskatnussbraun;
Negerbraun, Nerzbraun, Nikotinbraun, Nougatbraun, Nussbraun;
Ockerbraun, Olivbraun, Orangebraun;
Packpapierfarben, Pfefferbraun, Rehbraun;
Rosenholzbraun, Rostbraun, Rotbraun;
Saharabraun, Schokobraun, Schwarzbraun, Senfbraun, Sepiabraun, Sienaerdfarben, Sonnverbranntbraun, Sonnenbraun;
Tabakbraun, Teakholzbraun, Terracottabraun, Tiefbraun, Tonbraun;
Umbra gebrannt, Umbrischbraun;
Van-Dyck-Braun;
Whiskybraun;
Zedernbraun, Ziegelrotbraun, Zimtfarben, Zobelbraun, Zwiebelbraun.

Blumen in allen Farben

Blau blühende Blumen

Rittersporn, Eisenhut, Rosmarin, Leberblümchen, Lobelien, Blaukissen, Lavendel, Iris, blaue Schwertlilie, Plumbago, Cyananthus, Hundszunge, Verbene, Lobelie, Gundelrebe, Plectranthus, Hyazinthe, Traubenhyazinthe, Zwerghyacinthe, Blauglöckchen, Augentrost, Männertreu, Vergissmeinnicht, Glockenblume, Lupine, Blauschleier, Lungenkraut, Freesie, Aster, Zichorie, Boretsch, Ehrenpreis, Veronica, Enzian, Krokus, Blaue Strohblume, Schwertlilie, Prunkwinde, Eisenhut, Hibiscus, Günsel, Drachenkopf, Hortensie, Brunfelsia, Browallia, Jungfer im Grünen, Clematis, Wiesensalbei, Salbei, Veilchen, Balkanwindröschen, Zierlauch, Agapanthus, Sternhyazinthe, Szilla, Blausternchen, Prärielilie, Schneestolz, Stiefmütterchen.

Rot blühende Blumen

Leinkraut, Pfaffenhütchen, Chrysantheme, Dahlie, Purpurglöckchen, Lavendelheide, Fingerkraut, Freesie, Leinkraut, Malope, Petunie, Rosenweiderich, Rose, Königskerze, Sommerazalee, Gladiole, Löwenmaul, Kastanie, Gewürzstrauch, Präriemalve, Amarcrinum, Anemone, Lobelie, Taglilie, Fuchsie, Magnolie, Gasteria, Prunkbohne, Aeschynanthus, Verbene, Pechnelke, Mehlprimel,

Primel, Phlox, Rhododendron, Bartfaden, Scheinquitte, Strandnelke, Kalanchoé, Levkoje, Gloxinie, Gauklerblume, Weihnachtskaktus, Weihnachtsstern, Gewöhnlicher Dracunculus, Guzmania, Korallenbaum, Klee, Resede, Federmohn, Pimpernelle, Spierstrauch, Ixora, Flieder, Rebutia, Hahnenfuß, Zinnie, Medinilla, Klatschmohn, Hornmohn, Rebutia, Hakenlilie, Sonnenhut, Trompetenwinde, Lilie, Goldbandlilie, Flamingoblume, Anemone, Nelkenwurz, Achimenes, Geranie, Indianernessel, Alonsoa, Aloé, Zimmerahorn, Haemanthus, Hibiscus, Carthamus, Kapuzinerkresse, Kohleria, Wunderblume, Puderquaste, Mehlprimel, Rhododendron, Immortelle, Gerbera, Wolfsmilch, Bartfaden, Balsamine, Wicke, Habenaria, Kamelie, Nelkenwurz, Knollenbegonie, Gartennelke, Hahnenkopf, Schleifenblume, Dahlie, Kornblume, Lichtnelke, Anacampseros, Waldvöglein, Fleißiges Lieschen, Adonisröschen, Gauchheil, Steinbrech, Tradescantie, Cosmosröschen, Tagetes, Elfenblume, Kreuzkraut.

Rosa blühende Blumen

Tränendes Herz, Fingerhut, Akelei, Igelpolster, Lapeirousia, Pfingstrose, Teppichschleierkraut, Knollenbegonie, Clarkie, Gartennelke, Dahlie, Zinnie, Chrysantheme, Immortelle, Beerentraube, Aster, Feinstrahl, Gerbera, Oscularia, Katzenpfötchen, Spinnwebhauswurz, Sterndolde, Gänseblümchen, Strandnelke, Abronia, Baldrian, Dachwurz, Schneeball, Levkoje, Bouvardia, Hortensie, Steintäschel, Phlox, Strandlobularie, Verbene, Schnittlauch, Spierstrauch, Säckelblume, Astilbe, Mädesüss, Thalictrum, Prachtscharte, Löwenmaul, Rittersporn, Königskerze, Epacris, Kermesbeere, Inidgostrauch, Flieder, Hyazinthe, Gliederkaktus, Weihnachtskaktus, Fetthenne, Petunie, Dipladenie, Dipteracanthus, Amaryllis, Freilandgloxinie, Kolkwitzie, Echte Amaryllis, Zierakazie, Lerchensporn, Knollen-Platterbse, Scharnierblume, Spinnenpflanze, Albizia, Cyrthanthera, Wiesenknopf, Cosmos, Kartoffelrose, Clematis, Sauerklee, Portugiesische Malve, Kornrade, Bisam-Malve, Fingerkraut, Geranie, Azalee.

Gelb blühende Blumen

Gelbblühende Pfingstrosen, Teerose, Sonnenauge, Rudbeckie, Ringelblume, Schafgarbe, Wermuth, Heiligenkraut, Goldknöpfchen, Löwenzahn, Cassia, Hornklee, Platterbse, Besenginster, Wachsglocke, Blasenstrauch, Hartblättrige Mimose, Mimose, Scharbockskraut, Trollblume, Sumpfdotterblume, Adonisröschen, Akelei, Eisenhut, Moschuskraut, Johanniskraut, gelbe Veilchen, Stiefmütterchen, Schwarzäugige Susanne, Mentzelie, Gelber Goldstern, Montbretie, Freesie, Sparaxis, Gladiole, Holländische Iris, Indisches Blumenrohr, Goldregen,

Spindeldorn, Winterjasmin, Primel, Weiderich, Stengellose Schlüsselblume, Schlüsselblume, Kohl, Frauenmantel, Färberwaid, Rübenkohl, Bergsteinkraut, Ackersenf, Japanischer Waldmohn, Waldscheinmohn, Borstenmohn, Hunnemannia, Goldmohn, Lerchensporn, Aeonium, Lauch, Fackellilie, Hänge-Goldglocke, Lachenalie, Goldköpfchen, Junkerlilie, Gelbe Taglilie, Fetthenne, Schmuckfenchel, Liebstöckel, Petersilie, Neoporteria, Echinopsis, Osterkaktus, Parodia, Bischofsmütze, Lebender Stein, Pereskia, Winterblüte, Krokus, Narzisse, Osterglocke, Epimedium, Berberitze, Mahonie, Pantoffelblume, Gauklerblume, Oncidium-Orchidee, Nachtkerze, Stockrose, Azara, Pittosporum, Lantana, Zaubernuss, Goldjohannisbeere, Allamande, Fingerhut, Frühlingsbraunwurz, Menispermum, Frauenmantel, Kornelkirsche, Blasenbaum, Gelbe Scheincalla, Aronkelch, Aphelandra, Gurkenblüten, Hahnenkamm, Vielblütige Sonnenblume, Sonnenblume, Sonnenhut, Venidie, Gelbe Kamille, Wohlverlei, Alant, Gelbaster, Goldauge, Tagetes, Zinnie, Mädchenauge, Sanvitalia, Mittagsblume.

Orange blühende Blumen

Trollblume, Ritterstern, Taglilie, Gladiole, Schwertlilie, Freesie, Garten-Montbretie, Fackellilie, Sonnenauge, Zinnie, Gerbera, Kapkörbchen, Mittagsblume, Ursinia, Venidium, Knollenbegonie, Tagetes, Kalendula, Lantana, Geranie, Scheinquitte, Crossandra, Zimmerahorn, Inkalilie, Fleißiges Lieschen, Schwarzäugige Susanne, Lichtnelke, Kapuziner-Kresse, Kalifornischer Mohn, Sonnenröschen, Trompetenwinde, Duftwicke, Löwenmaul, Aeschynanthus, Lampionblume, Knollige Seidenpflanze, Sternligularie, Kalanchoé, Helmkraut, Türkenmohn, Blattkaktus, Kaiserkrone, Clivie.

Violett und lila blühende Blumen

Streptocarpus, Malope, Konrade, Rhododendron, Günsel, Hyazinthe, Drachenmaul, Flieder, Schmetterlingsstrauch, Glockenprimel, Hebe, Heliotrop, Levkoje, Löwenmaul, Ziest, Collinsia, Luzerne, Funkie, Blauregen, Bocksdorn, Alpenglöckchen, Aster, Alpenaster, Feinstrahl, Schlüsselblume/Primel, Weißbecher, Herbstzeitlose, Krokus, Zinnie, Kugelamarant, Artischocke, Ageratum, Scabiose, Verbene, Indianernessel, Kopfprimel, Babiana, Dreimasterblume, Schwertlilie, Tillandsia, Eibisch, Prachtglocke, Marienglockenblume, Küchenschelle, Streptocarpus, Blauglockenbaum, Gladiole, Blaukissen, Seeviole, Immergrün, Nachtviole, Brunfelsia, Veronica, Goldlack, Clematis, Storchschnabel, Ipheion, Levkoje, Mondraute, Katzenminze.

Weiß blühende Blumen

Fleißiges Lieschen, Maiglöckchen, Achimedes, Gardenie, Magnolie, Hibiscus, Plumbago, Choisya, Felsenbirne, Löffelblatt, Weiß-blühendes Immergrün, Schwarzäugige Susanne, Begonie, Weißes Usambaraveilchen, Hornkraut, Weiße Veilchen, Weißdorn, Browallia, Lantana, Pfeilkraut, Levkoje, Pfeifenstrauch, Prachtspiere, Primel, Phlox, Nachtviole, Stiefmütterchen, Waldmeister, Wiesenschaumkraut, Strandlobularie, Hortensie, Herkulesstaude, Schleifenblume, Perlköpfchen, Leberbalsam, Kratzbeere, Tradiscantie, Vogelkirsche, Trompetenbaum, Zinnie, Ammobium, Pfingstrose, Hahnenkamm, Tränendes Herz, Weißes Purpurglöckchen, Sommerknotenblume, Schneeglöckchen, Phalaneopsis, Ziertabak, Streptocarpus, Bäutigamsblume, Schneeglöckchenbaum, Sommerhyazinthe, Riesenlilie, Marienlilie, Salomonsiegel, Weißes Vergissmeinnicht, Steinbrech, Spierstrauch, Blühender Hollunder, Weißer Schmetterlingsstrauch, Eucharis, Silberwurz, Milchstern, Scheineller, Weiße Traubenhyazinthe, Hyazinthe, Weißer Blaustern, Krokus, Narzisse, Lavendelheide, Taubenbaum, Knollige Polianthes, Acanthus, Löwenmaul, Robinie, Gartengänsekresse, Granatapfelbaum, Hirtentäschel, Katzenpfötchen, Sternmoos, Leinkraut, Fabiana, Hakenlilie, Schönhäutchen, Akelei, Madonnenlilie, Krokus, Freesie, Breitblättrige Wicke, Weiße Amaryllis, Alpenveilchen, Schwertlilie, Coelogyne-Orchidee, Rhododendron, Gänseblümchen, Grasnelke, Rasselblume, Sommeraster, Clarkie, Schneestolz, Weihnachtsanemonen, Winterblüte, Eisenhut, Prärielilie, Weiße Glockenblume, Glockenwinde, Gloxinie, Winde, Küchenschelle, Scheincalla, Chiniglockenblume, Zistrose, Weiße Rose

(Schneewittchen), Sommerazalee, Quitte, Metzgerpalme, Christrose, Echinopsis, Kapkördchen, Margerite, Weiße Gerbera, Balkanwindröschen, Edelweiß, Cosmos, Weiße

Dahlien, Gänseblümchen, Papierblume, Immortelle, Jungfer im Grünen, Baummohn, Weiße Glyzinie, Gelbe Cladastris, Kamelie, Puderquaste, Japanische Anemone.

Farbige Steine

Blaue Steine

Blassblauer bis blauer Aquamarin, graublauer bis hellblauer Chalcedon, blaugrüner Chrysokol, hellblauer Fluorit, hell- bis dunkelblauer Lapislazuli, bläulich schimmernder Mondstein, transparentblauer Saphir, dunkelblauer Sodalith, himmelblauer bis blaugrüner Türkis, Indigolith (blauer Turmalin), blauer Edeltopas, graublauer Achat, bläulicher Diamant, dunkelblauer Azurit, blauschimmernder Labradori, blauer Sideritt.

Grüne Steine

Hell- bis dunkelgrüner Aventurin, grünblauer Chrysokoll, grüner Fluorit, Jade, grüner Jaspis, smaragdgrüner Malachit, Moosachat, Smaragd, grüner Turmalin (Verdelith), apfel- und goldgrüner Chrysopras, dunkelgrüner Diopas (Kupfersmaragd), zartgelbgrüner bis olivgrüner Olivin, grünlich-gelber Chrysoberyll, Brochantit, türkisgrüner Amazonit, Uwarowit, Bayldonit.

Gelbe Steine

Honiggelber Bernstein, gelber Fluorit, gelber Karneol, goldgelbes bis goldbraunes Tigerauge, goldgelber Goldtopas, Schwefel, Wulfenit (Gelbbleierz), honiggelber Mometesit, Apatit, Auripigment, Heinrichit, Rutilquarz (transparent mit goldenen Fäden), goldfarbig glänzender Pyrit, zitronengelber Zitrin, gelber Quarz, gelber Beryll.

Rote Steine

Blutroter bis dunkelroter Granat, rotbrauner Hämatit, Blutjaspis, auch Heliotrop genannt (dunkelgrün mit roten Punkten), roter Jaspis, orangerot bis braunroter Karneol, rosa bis dunkelrote Koralle, feurigroter Feueropal, tiefroter Rubin, Rubbelit (rötlicher Turmalin), rötlicher Achat, rotbrauner Aventurin (Goldstein), rötlich bis rotbrauner Bernstein, rötlicher Diamant, rosa bis karminroter Fluorit, roter Krokoit, dunkelroter Vanadimit.

Grüne Steine

Hell- bis dunkelgrüner Aventurin, grünblauer Chrysokoll, grüner Fluorit, Jade, grüner Jaspis, smaragdgrüner Malachit, Moosachat, Smaragd, grüner Turmalin (Verdelith), apfel- und goldgrüner Chrysopras, dunkelgrüner Diopas (Kupfersmaragd), zartgelbgrüner bis olivgrüner Olivin, grünlich-gelber Chrysoberyll, Brochantit, türkisgrüner Amazonit, Uwarowit, Bayldonit.

Orangefarbene Steine

Orangebrauner Achat, orangefarbener Bernstein, orangeroter Karneol, orangeroter Feueropal.

Violette Steine

Hell- bis dunkelvioletter Amethyst, hell- bis dunkelvioletter Fluorit, hellvioletter Kunzit, tiefvioletter Sugilit.

Rosa Steine

Rosa Fluorit, zartrosa Koralle, rosa Kunzit, rosa Perle, hell- bis dunkelrosa Rosenquarz, zartrosa Topas, rosa Turmalin, Rhodochrosit, Rhodonit, rosa Marmor, rosa Morganit, Thulit, Rubellit.

Weiße Steine

Weißer Marmor, Bergkristall (transparent bis undurchsichtig), weißer Chalcedon, weißer Fluorit, milchig-weiß irisierender Mondstein, weiße Perle, milchig-weiß schillernder Opal, transparent-weißer Zirkon, farbloser Topas, farbloser Turmalin, Alabaster.

Schwarze Steine

Schwarzer Marmor, metallisch silberschwarz schimmernder Hämatit, schwarzer Obsidian, Schneeflockenobsidian (schwarz mit weißen Flecken), hellgrauer bis nahezu schwarzer Rauchquarz, schwarzer Jaspis, schwarz-glänzender Magnetit, Onyx, schwarzer Turmalin, schwarze Perle, rauchfarbener Granat, silbrigschwarzer Goethit, anthrazitfarbener transparenter Andratit.

Braune Steine

Hell- bis dunkelbrauner Achat, braunroter Aventurin, braungelber Bernstein, brauner Fluorit, dunkelbrauner Granat, brauner Jaspis, braunroter Karneol, hell- bis dunkelbrauner Rauchquarz, goldbraunes Tigerauge, brauner Turmalin, bräunlicher Zitrin, braunroter Hämatit.

Farben in Schottland
Aus einem Reisetagebuch von Rudolf Seitz

Die Reise durch Schottland war eine Fahrt durch ein aufregendes Farbkonzert. Ich hatte Mühe, wenigstens nachts die Augen zu schließen ...

Allmählich wurde die Landschaft bergiger, schließlich richtig schroff. Es war phantastisch. Unten ging es los mit einem kalten Grün, dann wurde es grau und oben rötlich. Urgestein, behäbig gewölbt, aber hoch, ohne Baumvegetation, mit vielen Erosionsspuren. Das Licht war heute besonders schön. Es lief zum Teil schräg parallel zu den Hängen. Das ergab so eine silbrig schwebende Stimmung. Wo das Licht direkt auftraf, wurde das Grün warm, fast bräunlich. Die Schatten blieben aber ganz kalt. Auf den kleinen Seen ergaben die vielen Lichtreflexe etwas Unwirkliches, Surreales. Manchmal spiegelte es so stark, dass das Bild in eine mondbeleuchtete Landschaft umkippte. Ein See wirkte besonders verzaubert. Nur der Eisstand am Ufer verriet Realität ...

Das Wetter ist heute nicht so gut. Sieht ein bisschen nach Regen aus. Die Berge werden abweisend, unnahbar, sie stecken in Wolken oder Nebelfetzen. Dazwischen stand strahlend und leuchtend ein breiter Regenbogen.
Unten war wieder ein kaltes, zum Teil giftiges Grün, die Erde violett-grau. Diese Vielfalt

von Grautönen, warm und kalt, bläulich und rötlich, beigefarben bis fast schwarz.
Manchmal Stimmungen wie japanische Pinselzeichnungen. Geheimnisvoll verhüllend, zart und doch temperamentvoll ...

Wir konnten uns nicht beherrschen. Wir mussten auf den Berg. Hinter dem Haus ging es schon steil bergauf, durch sehr dicht stehende Bäume, dann war nichts mehr, nur dann und wann Schafe. Keinerlei Bäume oder Büsche, aber eine sehr niedere Flora. Erika in den verschiedensten Variationen, Gräser, kleine Orchideen, Augentrost, Skabiosen und viele Blumen, die es bei uns nicht mehr gibt. Nach einer schweißtreibenden Stunde waren wir an einem bizarren Hochmoor angelangt. Ringsherum Blick auf Fjorde, Schafe, Torfseen. Tausend Brauntöne. Braunes Grün ...

Eben hat an den Laufsteg ein Schiff angelegt. Die Wolken sind rosa, grau und etwas lila. Der Himmel zeigt oben ein sehr wässriges Preußischblau, unten Orange. Das Wasser ist ganz grau, nimmt aber die Farben von oben als Akzent auf. Der Berghügel gegenüber schiebt sich als schwarz-grün strukturierte Silhouette in die Szene. Die Spiegelung ist merkwürdig moosgrün ...

In der Frühe regnete und stürmte es. Als es dann ans Aufstehen ging, klarte es auf. So blieb es dann den ganzen Tag, allerdings ohne Regen. Wolkenfarben vom wärmsten Weiß- grau bis fast Schwarz, dazwischen helles Tür- kis, Ultramarin, Preußischblau, alles sehr wässrig. Das Wasser war, so weit die Ober- fläche glatt war, tiefblau bis grün. Die Land- schaft war wieder so unwirklich schwebend. In der Sonne zeigte sie sattes Grün, manch- mal fast eine Mischung ins Orange ...

Die Fahrt führte an pyramidenförmigen Bergen vorbei mit fast weißen Spitzen, sehr karstig auf allen Seiten. Rechts waren die Hügel freundlicher, einladender, bis hoch oben grün, aber kein Baum. Einmal standen da Föhren, sehr kernige und knorrige Bur- schen. Wie in Japan.

Später änderte sich die Landschaft grundle- gend. Weit schwingende Kornfelder. *Die Farbe hatte auf der ganzen Fahrt bisher ge- fehlt.*

Literaturverzeichnis

Farben und Farbenlehre allgemein

Josef Albers: Interaction of Color, Köln: Du-Mont 1997

Frans Gerritsen: Entwicklung der Farbenlehre, Göttingen-Zürich: Muster-Schmidt 1984

Eva Heller: Wie Farben wirken, Reinbek bei Hamburg: Rowohlt 1990

Eckart Heimendahl: Licht und Farbe, Berlin: de Gruyter 1961

Stephanie Faber: Mein Farbenbuch, München: Goldmann 1988

Ernst Peter Fischer: Idee Farbe. Ausstellungskatalog II: Von der Physik des Lichts über die Gene ins Gehirn, Konstanz: Regenbogen Verlag Klaus Stromer 1994

Heinrich Frieling: Das Gesetz der Farbe, Göttingen-Zürich: Muster-Schmidt 1990

Heinrich Frieling: Mensch und Farbe, München: Heyne 1988

Johannes Itten: Kunst der Farbe, Ravensburg: Otto Maier 1961

Johannes Itten / Anneliese Itten: Arbeitsmaterial zur Farbenlehre, Ravensburg: Otto Maier 1995

Johannes Itten / Anneliese Itten: Der Farbstern, Ravensburg: Otto Maier 1996

Andreas Kornerup / Johann H. Wanscher: Taschenlexikon der Farben. Göttingen-Zürich: Muster-Schmidt 1981

Harald Küppers: Das Grundgesetz der Farbenlehre, Köln: DuMont 1978

Erich Küthe / Axel Venn: Marketing mit Farben, DuMont: Köln 1996

Liedl / Amerstorfer : Die Pracht der Farben. Eine Harmonielehre mit Bildbeispielen, Heidelberg-Berlin-Oxford: Spektrum Akademischer Verlag 1995

Andreas Mäckler: Lichtoffene Farbigkeit. Grundideen der anthroposophisch orientierten Lasurmalerei, Schaffhausen: Novalis 1992

José Parramón: Das große Buch der Farben, Frankfurt: Edition Fischer 1993

Johannes Pawlik: Theorie der Farbe, Köln: Du-Mont 1969

Guido Petter: Die bunte Welt der Farben, Würzburg: Arena Verlag 1981

Gerry Rhodes / Sue Thame: Die Farben des Menschen, München: Heyne 1988

Narciso Silvestrini: Idee Farbe. Ausstellungkatalog I: Farbsysteme in Kunst und Wissenschaft, Baumann & Stromer Verlag 1994

Moritz Zwimpfer: Farbe: Licht, Sehen, Empfinden. Eine elementare Farbenlehre in Bildern, Bern: Haupt 1985

Farbe in der Kulturgeschichte

Bill Bachman / Tom Winton: Australiens Farben. Menschen, Bilder, Landschaften, München: Frederking & Thaler 1985

Margarete Bruns: Das Rätsel Farbe. Materie und Mythos, Stuttgart: Reclam 1997

Alison Cole: Farbe. Eine faszinierende Entdeckungsreise durch die Welt der Kunst, Stuttgart: Belser 1993

Margaret Courtney-Clarke: Die Farben Afrikas, München: Frederking & Thaler 1993

Lorenz Dittmann: Farbgestaltung und Farbtheorie in der abendländischen Malerei, Darmstadt: Wissenschaftliche Buchgesellschaft 1987

Johannes Eucker / Josef Walch: Farbe. Wahrnehmung, Geschichte und Anwendung in Kunst und Umwelt, Hannover: Schroedel

John Gage: Kulturgeschichte der Farben, Ravensburg: Otto Maier 1994

Johann Wolfgang von Goethe: Farbenlehre. Einleitung und Kommentar von Rudolf Steiner, hrsg. v. Gertrud Ott / Gerhart Ott / Heinrich Proskauer, Stuttgart: Verlag Freies Geistesleben 1992

Wassily Kandinsky: Über das Geistige in der Kunst, Bern: Benteli 1952

Heinrich O. Proskauer: Zum Studium von Goethes Farbenlehre, Basel: Zbinden Verlag 1985

Rudolf Steiner: Über das Wesen der Farben. Drei Vorträge, hrsg. v. Julius Hebing, Stuttgart: Verlag Freies Geistesleben 1959

Harry Weigand / Jürgen Weigand: Die Farben Andalusiens, Dortmund: Harenberg 1992

Über einzelne Farben

Claudia Cohn / Schecker Brigitte (Hrsg.): Die Farbe Rot, Pulheim: Rheinland 1995

Claudia Cohn / Schecker Brigitte (Hrsg.): Die Farbe Weiß, Pulheim: Rheinland 1995

Hans Gercke (Hrsg.): Blau – Farbe der Ferne, Heidelberg: Wunderhorn Verlag 1990

Künstlerhaus Berlin (Hrsg.): Farbe Gold. Dekor, Metapher, Symbol. Beweggründe für Malerei heute, Berlin 1992

Hans Knuchel / Jörg Nänni: Blau, Gelb, Rot. Farbanagramme, Baden: Lars Müller 1991

Dietmar Schuth: Die Farbe Blau. Versuch einer Charakteristik. Gegenwartskunst, Münster: Lit Verlag Dr. Wilhelm Hopf 1996

Matthias Seefelder: Indigo. Kultur, Wissenschaft und Technik. Naturfarbmonographien, Landsberg: Ecomed 1994

Alexander Theroux: Blau, Hamburg: Europäische Verlagsanstalt 1998

Klausbernd Vollmar: Das Geheimnis der Farbe Rot, St. Goar: Edition Tramontane 1993

Klausbernd Vollmar: Das Geheimnis der Farbe Schwarz, Südergellersen: Verlag Bruno Martin 1988

Klausbernd Vollmar: Das Geheimnis der Farbe Weiß, Südergellersen: Verlag Bruno Martin 1989

Hartmut Walravens (Hrsg.): Ein blaues Wunder, Berlin: Akademie Verlag 1993

Norbert Wu: In der Tiefe des Blaus. Die Unterwasserphotografie, München: BLV 1995

Farben aus der Natur

Hans W. Bastian: Naturfarben selbst gemischt. Rezepte für's Heimwerken ohne Gift, Hannover: Heinz Heise Verlag 1990

Eva Jentschura: Pflanzenfärben ohne Gift. Neue Rezepte zum Färben von Wolle und Seide, Stuttgart: Verlag Freies Geistesleben 1998

Günter Meier: Pflanzenfarben. Forschung, Herstellung, Anwendung, Dornach: Verlag am Goetheanum 1994

Ann Milner: Handbuch der Färbetechniken, Bern: Haupt 1994

Edda Reichert: Batiken mit Naturfarben. Auf

Baumwolle, Leinen, Holz, Eiern und Papier, Bern: Haupt 1994

Lutz Roth / Kurt Kormann / Helmut Schweppe: Färbepflanzen. Pflanzenfarben, Botanik, Färbemethoden, Analytik. Türkische Teppiche und ihre Motive, Landsberg: Ecomed 1992

Helmut Schweppe: Handbuch der Naturfarbstoffe. Vorkommen, Verwendung, Nachweis, Landsberg: Ecomed 1992

Helmut Schweppe: Lexikon der Naturfarbstoffe, Landsberg: Ecomed 1996

Farbe im Garten

Susan Berry: Gärten in der Stadt. Grüne Idylle zwischen Mauern, München: Callwey 1997

Ursula Bieber: Farbakzente für Garten und Balkon, Stuttgart: Frech-Verlag 1997

Karl Foerster: Blauer Schatz der Gärten, Stuttgart: Neumann Verlag 1990

Malcolm Hillier: Farbgestaltung im Garten. Der Jahresplaner für phantasievolle Farbkompositionen im Garten, Köln: DuMont 1996

Penelope Hobhouse: Farbe im Garten, Stuttgart: Eugen Ulmer 1997

Farben in der Psychologie

Ulrich Beer: Was Farben uns verrraten, Stuttgart: Kreuz Verlag 1992

Harald Braem: Die Macht der Farben. Was Farben über Ihre Persönlichkeit aussagen, wie sie wirken und welche Gefühle sie auslösen, München: mvg-Verlag 1991

E. Bruce Goldstein: Wahrnehmungspsychologie, Heidelberg-Berlin-Oxford: Spektrum 1997

Jolande Jacobi: Vom Bilderreich der Seele, Olten: Walter Verlag 1981

C. G. Jung: Gesammelte Werke, Olten: Walter Verlag

Ingrid Kraaz von Rohr: Formen, Farben und Symbole, Bern: Scherz Verlag 1995

Max Lüscher: Der 4-Farben-Mensch. Der Weg zum inneren Gleichgewicht, München: Goldmann 1991

Max Lüscher: Der Lüscher Würfel, Düsseldorf: Econ 1991

Max Lüscher: Die Lüscher-Farben zur Konfliktlösung und Persönlichkeitsbeurteilung, München: Mosaik 1989

Dorothee L. Mella: Was Farben verraten, München: Knaur 1991

Ingrid Riedel: Farben. In Religion, Gesellschaft, Kunst und Psychotherapie, Stuttgart: Kreuz 1985

Farbenheilkunde

Thea Keats Beaulieu: Mit Farben leben. Ein buntes Buch für Harmonie und Heilung, München: Hugendubel

Klaus Brudny: Heilwirkung von Farben, Unterweitersdorf: Freya 1995

Lilli Eberhard: Heilkräfte der Farben, Ergolding: Drei Eichen 1954

Susanne Franzen / Rudolf Marten: Vital und gesund durch Farben und Edelsteine, München: Südwest 1995

Andreas Gericke / Lothar Gericke: Erlebnis Farbe, Berlin: Verlag Gesundheit 1990

Theo Gimbel: Heilen mit Farben für Gesundheit und Wohlbefinden durch Farbe und Licht, Aarau: AT Verlag 1994

Petra Godson: Farben und Gesundheit, Bad Münstereifel: Edition Tramontane 1991

Karin Hunkel: Das Arbeitsbuch zur richtigen Farbentscheidung als Quelle von Schönheit, Harmonie und Gesundheit, München: Hugendubel 1996

Karin Hunkel: Die Kraft der Farben. Gesundheitliche Farbberatung, München: Gräfe und Unzer 1996

Alex Jones: Die Geheimnisse der Farben, Aitrang: Windpferd Verlag 1991

Ingrid Kraaz: Die Farben deiner Seele, München: Goldmann 1994

Laura Lorenzo: Das kleine Lexikon der Farben, Einsatz und Wirkung der Farben im Alltag, Lemgo: Taoasis 1995

Jacob Libermann: Die heilende Kraft des Lichts. Der Einfluß des Lichts auf Psyche und Körper, München: Piper 1996

Christa Muths: Farbtherapie. Mit Farben heilen, München: Heyne 1996

Andrée Schlemmer: Farben für Seele, Geist und Körper, Bern: Hallwag 1990

Georg Sillo-Seidl: Die heilenden Farben. Ein Weg zur Gesundheit und zur seelischen Harmonie, Wien: Maudrich Wilhelm 1991

Karl Ryberg: Farbtherapie, München: Mosaik 1992

Klausbernd Vollmar: Farben. Ihre natürliche Heilkraft, München: Gräfe und Unzer 1991

Annie Wilson / Lilla Bek: Farbtherapie. Schlüssel zur Seele und Mittel zur Heilung, Bern: Scherz Verlag 1988

Farbe- und Stilberatung

Christel Buscher: Farbberatung. Kleidung, Make-up, Haare, Brillen, Schmuck, Niederhausen: Falken 1992

Billa Hebenstreit: Meine Kleidung, meine Farben, mein Typ, München: Ehrenwirth 1995

Carole Jackson: Color for Men. Untestreichen Sie Ihre Perönlichkeit durch Farben, Bern: Hallwag 1990

Carole Jackson: Color Me beautiful. Entdecken Sie Ihre natürliche Schönheit durch Ihre Farben, Bern: Hallwag 1992

Mary Spillane: Kleider, Farben, Stil. Neues Color Me beautiful, Bern: Hallwag 1993

Rainer Wälde / Bettina Wälde: Mut zur Farbe. Was Männer kleidet, Aßlar: K. Gerth 1995

Gisela Watermann: Farbberatung für die Wohnung, Niederhausen: Falken Verlag 1993

Farbe und Maltechniken

Simon Cavelle: Dekorieren mit Farbe. Maltechniken für Wände und Möbel, Stuttgart: Eugen Ulmer 1997

Petra Lange-Weber: Mein Malkasten, Mühlheim an der Ruhr: Verlag an der Ruhr 1994

Ilse Maierbacher / Maurizio Toscan: Dekorative Maltechniken. Anregungen und Beispiele für farbige Raumgestaltung, München: Callwey 1997

José Parramón: Der Maler und seine Farben. Eine Anleitung mit Farbenlehre, Frankfurt: Edition Fischer 1993

José Parramón: Richtig malen mit Farbstiften. Technik. Material, Frankfurt: Edition Fischer 1993

José Parramón: Wie mische ich Farben richtig, Frankfurt: Edition Fischer 1993

Annie Sloan / Kate Gwynn: Farbe im Raum, Hildesheim: Gerstenberg 1997

Kurt Wehlte: Werkstoffe und Techniken der Malerei, Ravensburg: Otto Maier 1967

Michael Wilcox: Die praktische Farbenlehre für den Aquarellmaler, Ravensburg: Otto Maier 1983

Farben, Musik und Sprache

Peter Jenny: Farbenhunger. Texte und Bilder zur Aufhebung der Gewaltenteilung zwischen Wort und Farbe, Begriff und Anschauung, Zürich / Stuttgart: vdf-Hochschulverlag / Teubner 1994

Hermann Hesse: Magie der Farben, Frankfurt: Insel 1980

Hermann Hesse: Piktors Verwandlungen, Frankfurt: Insel Verlag 1981

Fritz Dobretzberger / Johannes Paul: Farb-Musik, Berlin: Simon + Leutner 1993

Hans Cousto: Die Oktave, Berlin: Simon + Leutner 1992

Joachim Schultz (Hrsg.): Ein Rot, ein Blau, ein Grün vorbeigesendet. Farben in der deutschen Lyrik von der Romantik bis zur Gegenwart, München: dtv 1994

Farben für Kinder

Petra Beutl: Fühl das Rot und sieh das Blau, Freiburg/Br.: Christophorus Verlag 1998

Eric Carle: Hallo roter Fuchs, Hildesheim: Gerstenberg 1998

Sabine Lohf: Das Farbenbuch für Kinder. Lila, Rot und Himmelblau, Ravensburg: Otto Maier 1990

Eva Heller: Die wahre Geschichte von allen Farben, Oldenburg: Lappan Verlag 1996

Thomas Körner / Steffi Bluhm: Farbenkarussell. Eine kleine Farblehre für Kinder, Berlin: Kinderbuch Verlag 1980

Leo Lionni: Frederick, Köln: Middelhauve Verlag 1991

Wolfgang Löscher: Vom Sinn der Sinne. Spielerische Wahrnehmungsförderung für Kinder, München: Don Bosco 1996

Kvéta Pacovská: Grün-Rot-Alle. Ein Farbenspielbuch, Ravensburg: Otto Maier 1992

Charlotte Panowsky: Mal mir einen Apfelbaum, München: Annette Betz 1990

Cordula M. Pertler: Kinder erleben große Maler. Modelle für Erzieher, Lehrer und Eltern. Mit 7 Farbdias, München: Don Bosco 1996

Rudolf Seitz: Kunst in der Kniebeuge. Ästhetische Elementarerziehung. Beispiele – Anregungen – Überlegungen, München: Don Bosco 1997

Rudolf Seitz (Hrsg.): SEH-Spiele. Sinn-volle Frühpädagogik, München: Don Bosco 1995

Rudolf Seitz: Zeichnen und Malen mit Kindern. Vom Kritzelalter bis zum 8. Lebensjahr, München: Don Bosco 1995

Frederik Vahle / Helme Heine: Die Farben, Köln: Middelhauve 1992

Karin Wölfel / Ulrike Schrader: Farbspiele mit Kindern. 41 Farb- und Maltechniken für Kinder ab 2 Jahre, München: Kösel 1997

Philip Yenawine: Bilder und Farben, hrsg. v. Museum of Modern Art, New York, Hamburg: Carlsen